INTRODUCTION

« *Le Syndrome de la Patte molle* » nous dit que le *management* se meurt, et que c'est une hérésie improductive, un gâchis extraordinaire d'intelligence et surtout de compétences.

Le « *chefaillon* », le « *petit chef* » qui remplace le « *manager* », est la partie émergée de cette maladie virale qui se développe comme une pandémie dans nos entreprises depuis, grosso-modo, le 11 septembre 2001.

Avec un diagnostic clair et sans appel : sans les soins appropriés, l'entreprise touchée périclite, se sclérose, et finit par mourir, rachetée à moindre coûts par la concurrence, ou mise en faillite par la justice.

Et pourtant, le besoin de management n'a jamais été aussi grand dans les entreprises, et les Chinois comme les Indiens, les Coréens, et les Sri-Lankais commencent à s'en apercevoir.
Les revendications, mais surtout l'appétence, la soif des populations pour d'autres formes de gestion et de relations de production bousculent les certitudes et les habitudes

nées au XIXème siècle dans la révolution industrielle et jamais – ou très peu – changées depuis.

Nous sommes au XXIème siècle, et les attentes des populations se nourrissent des espoirs nés de la révolution numérique.

Nous construisons au quotidien une société de communication et de véritables libres échanges, mais les combats de trop d'entreprises – françaises et autres – sont ceux d'idéologies dépassées et rassies.

Et ce ne sont pas les débats des « *conférences sociales* » sur la « *flexibilité* » de l'emploi qui vont changer les choses... Elles doivent changer dans et avec les entreprises, mais aussi dans les têtes et avec les salariés et les cadres de ces mêmes entreprises.

Deux diagnostics et quatre ordonnances pour retrouver les basiques du *management,* pour tenter de comprendre à qui profite le *crime*, et comment soigner les personnes contaminées par le « *Syndrome de la Patte Molle* » !

Diagnostic N°1 – Les 5 casquettes du manager.

Pour commencer, plongeons-nous dans les plaisirs particuliers du mot « *manager* ».

Manager ? Un mot d'origine française…

Je demandais un jour à mon collègue Brian Orford[1], formateur et philosophe, anglais à l'humour redoutable, grand chanteur de cantique devant l'éternel et ses stagiaires, s'il pouvait me retrouver l'origine du mot « *manager* ».
La réponse me surprit…

Un mot composite.

> *Un peu d'Histoire…*
>
> *« Manage » est entré en anglais via le français moyen « manege » de l'italien « managgio », le manège, le bâtiment où on dresse les chevaux attachés à une corde (longe) qu'un seul homme « tient à la main » (« managgio » venant lui-même de « manus » en latin).*

---

[1] Décédé en 2013

4   Le Syndrome de la Patte Molle

L'art du dressage…
Le « *Management* » est donc « *l'art de tenir un cheval pendant son dressage dans un manège* ».

… des chevaux ?
Un film américain nous a montré, il y a quelques années, que, loin des idées préconçues, il était possible de « *parler à l'oreille des chevaux* » pour les dresser, ou simplement les apprivoiser… en douceur. Et c'est bien ce dont il s'agit aujourd'hui : de distiller un peu de « *douceur* » dans un monde de brutes…

Sortir de « l'Impasse des Idées reçues »
Ces termes de « *management* » et de « *manager* » sont utilisés dans la vie politique et dans les journaux « *sérieux* » sans « *traduction* » en français.
Je propose que nous n'essayions donc pas de les *traduire*, mais de mieux les définir et, pour cela, de revenir à leur étymologie. Notre compréhension de ces termes, venant de notre expérience de la *vie*, professionnelle et politique, s'associe donc à la perspective historique de ces mots issus des Francs et de la Renaissance, quand chaque château de France, du Berry, de Bretagne et de Navarre disposait de son « *manège* ».

Reprenons donc en premier cette notion de
« *dresser les chevaux* »

Dresser ?

Dresser ? Le *manager* « *dresserait* » ses équipiers, ses subordonnés ? Bien entendu, la conception moderne du rôle du *maître de manège* dépasse, et de loin, les notions développées dans ses origines. Mais…

Ici encore, l'étymologie du mot nous aide à sortir de « *l'Impasse des Idées reçues* » : « *directiare* », en latin, c'est « *rendre droit* ».
On « *dresse la tête* » ou le buste pour « *se grandir* », mais aussi « *une échelle contre un mur* », pour « *aller plus haut* ».
Ce n'est que plus tard dans les siècles que viendra s'ajouter la notion de *dressage*… des fauves ou, plus généralement, des animaux sauvages, pour les *soumettre*.

Soumettre ?

Ce dernier terme, non plus, n'a pas toujours eu la signification qu'il possède aujourd'hui de « *soumission* », ou le « *dressé* » va « *subir* »… le *joug* du *manager*.

Le latin « *submittere* » nous donne « *mettre sous* ». Se soumettre est donc « *se mettre sous* » l'autorité de l'autre, ce qui peut être parfaitement volontaire et pacifique et apte à assurer notre survie.

« Dresser la table » ou se battre ?
Pour revenir à « *dresser* », s'il s'agit d'une table, cela promet, depuis le Moyen Âge, un banquet ou une fête. Et comme c'est rarement le châtelain qui met la main à la pâte, c'est bien notre « *managé* », et non son « *manager* » qui « *dresse la table* ».

Manager est donc une fonction noble, même si « *dresser quelqu'un contre l'autre* » est plus guerrier que paisible, en alimentant sa colère ou la haine... contre *l'oppresseur*, par exemple.

Le manager au-dessus du chef.

Parce qu'il est composite, le *manager* est à placer au-dessus du *chef* : le latin « *capum* » – *la tête* – a besoin... d'un « *couvre-chef* » pour ne pas avoir froid.

D'orchestre ou de *cuisine*, le *chef* exécutera la symphonie ou le repas composé ou commandé par quelqu'un d'autre.

Le manager décide !

Le *chef* est donc *subordonné* au *manager* : ce dernier est un *compositeur*, un *créateur*, un *décideur*.

Ce qui lie pourtant les deux, le *manager* et le *chef*, c'est bien la volonté d'obtenir un résultat. Tous les deux ont donc un objectif à atteindre, et tous les deux disposent de moyens, notamment humains, pour y parvenir.

Mais pour le *manager*, le *rôle* de *chef* est un outil au service de ses objectifs, et non une fin en soi. Il peut en endosser la « *casquette* » à tout moment, ce qui est impossible au *chef* qui doit l'assumer.

Une espèce en voie de disparition...

Le management est une notion mise en œuvre massivement, en France, vers la fin du XXe siècle.

Mais voilà, les cadres, censés être des « *encadrants* », et donc à terme des *managers*, ont perdu depuis le début du présent siècle la majeure partie de leurs prérogatives décisionnelles au profit des actionnaires. Ces derniers décident tout, et de tout, à tous les niveaux de l'entreprise, dont l'objectif n'est plus de produire, mais de faire du profit. A un niveau tel qu'il peut paraître absurde, et même contre-productif.

Les cadres se sont vites soumis, de peur d'être « *cassés* », ou « *virés* », car les pratiques entrepreneuriales se sont durcies et les têtes qui dépassent sont rapidement « *coupées* ». Il n'est plus temps de discuter, de négocier, de louvoyer : les ordres du *Chef* redeviennent la règle !

... mais un besoin plus pressant qu'avant !
En parallèle, la crise aidant, les besoins de « *sens* » de la majorité de la population deviennent criants, presque douloureusement pathologiques.

Sans comprendre le changement, il s'impose à nous, et ce qui s'impose nous contraint.
Toute contrainte devient vite insupportable et, surtout en France, le besoin idéal de *liberté*, même illusoire, devient vite un objectif à atteindre.

Les cadres ressentent ces mêmes besoins. Mais ils trouvent dans l'illusion d'un pouvoir d'achat qui reste celui des classes moyennes des « *Trente Glorieuses* », les ressources nécessaires pour « *faire le dos rond* ».

Le laminage massif, vers le bas, de ces mêmes classes moyennes depuis 2007/2008 change nécessairement leur vision des choses, et il est intéressant de mesurer cette évolution. Ils savent aujourd'hui qu'ils font partie des « *variables d'ajustement* » au même titre que tous les autres salariés de l'entreprise. En cas de crise, ils font partie des « *dommages collatéraux* » comme tout à chacun. Ils n'ont plus de véritable pouvoir de décision. On voit même apparaître des « *cadres pauvres* »

Ces modifications de leur vie, et donc des perceptions de leur place dans la société, se traduisent d'ores et déjà par la participation des cadres, accrue considérablement depuis quinze ans, à la vie associative ou municipale, ou encore à la création ou à la gestion de petites entreprises.

Ils sont formés à la prise de décision, pour certains au management, ils ont de l'instruction, un certain sens de l'entreprenariat. Ne pouvant plus s'exprimer dans l'entreprise, n'ayant plus aucune considération de leur propre hiérarchie, ils s'investissent « *ailleurs* ».
L'évolution de leurs comportements sociaux témoigne de ce malaise.

La « *fuite* » des familles de la région parisienne vers la province et la « *fuite des (jeunes) cerveaux* » vers l'étranger sont aussi de bons éléments symptomatiques de cette transformation.

Le retour des leaders !

L'une des conséquences immédiates de cette mise à l'écart des cadres de tout pouvoir décisionnaire dans l'entreprise est le retour des *leaders*.

Associatifs ou municipaux, religieux ou chef de clan, autoentrepreneurs ou petit chefs d'entreprise, délégué syndical ou du CE : seuls les plus forts survivent et se développent, en cas de crise.

« Leader », un autre mot très français…

J'ai encore mis mon collègue Brian Orford à contribution sur ce mot, « *leader* », et sa réponse fut sans équivoque.

> *Un peu d'Histoire :*
>
> *« LEAD » est un mot germanique assez ancien signifiant simplement « mener quelque part », employé à l'époque des Francs (un peuple germanique à l'origine de la France).*
> *« LEAD-ER-SHIP » est donc la qualité de la personne du*

> *« LEADER » et la reconnaissance, par les autres, de sa capacité à les mener « quelque part ».*

Mener « quelque part » !

En cas de crise, la perte de sens est telle que nul ne sait plus où, ni comment, aller *« quelque part »*. Nicolas Sarkozy puis François Hollande ont fait les frais de leur difficulté à définir *« un chemin »* crédible. Personne ne savait plus où ce *« quelque part »* pouvait bien conduire.

Dans le premier cas, *« l'agitation permanente »* et la centralisation excessive ne définissaient pas un chemin crédible.

Dans le second cas, le manque de charisme *médiatique* du premier ministre et la volonté de François Hollande *« d'être un président normal »* se sont cumulés pour faire perdre *confiance* à la population. La crise de Florange et les cafouillages du *« mariage pour tous »*, puis le scandale Cahuzac parachevèrent l'opération de destruction.

Du coup, celui – ou celle – qui dit *« je sais où nous devons aller ! »* gagne l'écoute de tous, quand bien même il/elle ne le saurait pas plus que les autres. Quand bien même il/elle mentirait juste *mieux* que les autres…

Les différents gouvernements qui se succèdent depuis dix ou quinze ans ont *géré* – sans doute convenablement – les affaires du pays, mais dans un défaut de communication criant, n'expliquant pas le sens des chemins pris, la sanction fut identique et immédiate. L'impopularité des gouvernants n'attendit pas les cent premiers jours pour montrer, dans les deux cas et par ricochet, celles des présidents.

Confiance et leadership : un couple inséparable.
Or, la *confiance* est primordiale dans la notion de *leadership*, et la confiance est une donnée virtuelle et interactive : positive, elle provoque encore la confiance, et négative, la méfiance.
Faire confiance au « *capitaine du navire* » est essentiel quand le bateau est pris dans la tempête. Sans confiance, la panique n'est pas loin, le naufrage du paquebot *Concordia*, il y a quelques années, nous l'a encore douloureusement démontré.

Nous jouons avec la confiance comme sur une table de ping-pong : « *j'ai confiance – j'ai confiance* ». Le « *match* » est interminable jusqu'au moment ou l'un ou l'autre dit : « *là, je n'ai plus confiance !* ». Inévitablement, l'autre rétorquera : « *si tu n'as plus confiance, moi non plus !* ».

La perte de confiance

La *perte de confiance* peut être déclenchée pour trois raisons : « *je n'ai plus confiance en toi !* », ou « *je n'ai plus confiance en moi !* », ou « *je n'ai plus confiance en nous !* ». L'effet immédiat sera le même : « *l'autre* » ressentira immédiatement un inconfort et, dans un effet miroir, se positionnera sur le même registre : « *Tu n'as plus confiance en moi ? En toi ? En nous ? Alors moi non plus !* »

La dégradation de la situation relationnelle sera d'autant plus rapide que les attentes étaient fortes, et aboutit généralement à une rupture de la relation.

La situation peut se rétablir, tout en considérant qu'il y aura des « *cicatrices* », à partir du moment où l'un ou l'autre des protagonistes reprend confiance et l'affirme haut et fort, en lui, en « *l'autre* », en « *nous* ».

Le premier qui retrouve la confiance et l'affirme devient, de fait, le nouveau *leader*, « *celui qui montre le chemin* ».

Pas de confiance sans contrôle.

Socialement, historiquement, nous avons appris à nous méfier de ceux qui, en période de crise de confiance, clament haut et fort « *qu'ils ont confiance* », en eux, en vous, en

« *nous* ». Car l'affirmation de la confiance renforçant le leadership, nous reprenons pied ici dans un domaine hautement délicat, celui de la *prise de pouvoir*.

Éviter la rupture due à la perte de confiance nécessite donc, *au préalable*, de se doter d'outils de contrôle.
« *Donner sa confiance à quelqu'un* » confère un pouvoir sur vous à ce « *quelqu'un* ». Sans contrôle, ce pouvoir peut laisser prises aux abus... de confiance. Ce principe de base est valable aussi bien dans le couple que pour manager une entreprise ou un pays.

Pouvoir et contre-pouvoir : chacun et chacune redoutent l'intrusion de *l'autre* dans sa « bulle » personnelle ou dans le « *secret d'État* ». De la gestion de son carnet d'adresses et de ses mails personnels aux « barbouzes » et autres « *secrets défense* », la *perte de confiance* conduit au conflit, alors que la confiance nous apparaît comme un havre de paix, illusoire, mais presque reposant dans un monde en perpétuel changement.
La confiance, comme le leadership, est donc soumise à un équilibre difficile à maintenir en état de repos : bien au contraire, c'est un *match* interactif où la qualité de l'exercice du

pouvoir n'est pas absente des préoccupations de chacun.

Gérer n'est pas un exercice de leadership.
Le caractère de *leader* ne s'exprime donc pas dans la qualité de la *gestion* ou dans la pertinence des *ordres* donnés (tous deux apanages du *chef*), ni dans l'organisation des moyens et des hommes (avec la prise de décision, domaine du manager) mais dans la *présence charismatique* de la personne objet de tous les regards.
Celle-ci, dans ses termes mêmes, est double : le leader est *présent* – et non « *omni présent* » comme un certain ancien président français – et manifeste du *charisme*.

Le Charisme s'apprend.
Charisme vient du grec, cette fois-ci : « *kharismos* », la « *grâce divine* »... La psychologie et les sciences cognitives nous expliquent aujourd'hui que les Dieux n'ont rien à voir dans cette histoire, et que le charisme se développe autour de quelques notions simples qui peuvent s'apprendre.

Diffuser des émotions positives, travailler son empathie et certaines attitudes corporelles « *suffisent* », surtout en période de crise, pour gagner la confiance des autres avant même

que vous ayez ouvert la bouche : par exemple, la « *confiance en soi* » se voit, et le sourire est contagieux, même au téléphone.
Plus loin, plus complexes, les attitudes d'écoute vraies inspirent la confiance. Le regard direct et une poignée de main franche assurent et ancrent les échanges. Une « *position de détermination* » inspire le respect, et donc la confiance.

Bien entendu, ces « *techniques* » peuvent être extrêmement manipulatoires, et il est nécessaire de contrôler leur mise en œuvre : je l'ai déjà dit, il n'y a pas de confiance sans contrôle !

Quand un/une responsable politique doit apprendre à sourire, se faire refaire les dents, ou se colorer les cheveux « *pour plaire* », vous avez le droit de vous poser des questions sur son réel charisme personnel.

Pour illustrer tout cela, regardez avec un œil neuf les « *vieux* » reportages sur la campagne électorale entre Nicolas Sarkozy et François Hollande : le premier serre un maximum de mains, dans un style « *politique du chiffre* » qui lui est propre. Il ne regarde *que* la *main* suivante. Le second *regarde* les *personnes* qui lui *tendent* la main, et les salue, les reconnait un à un, jusqu'à leur « *faire la bise* », pour les femmes et les enfants.

Le premier a perdu, avec une impression de froideur, de calcul, d'arrogance et de distance, alors que le second a gagné, avec une impression de chaleur et de proximité.
Comme tous les hommes politiques, ils ont tous les deux travaillé leur charisme pour renforcer leur leadership, mais ont-ils compris ce qu'ils ont appris ?

La machine à perdre française !

Nous sommes en France, un pays où il est bon ton, depuis Robespierre, Napoléon, et même de Gaulle, de se *méfier* des leaders. Ceux-ci font peur, en France, alors que les leaders charismatiques sont systématiquement élus aux États-Unis. Hillary Clinton était la préférée des médias hexagonaux, mais c'est Obama qui fut élu par les électeurs américains.

Les appareils politiques français sont souvent qualifiés de « *machines à perdre* » car, s'ils servent la promotion d'un leader, dès qu'il est clairement identifié, ils se mobilisent pour museler toute velléité d'opposition *interne*. C'est le vieil adage : « *Dieux (le parti !), sauve-*

moi de mes amis, mes ennemis je m'en occupe ! ».

Les *leaders* font peur, en France, et les *chefs*, qui ont réussi à survivre à la lutte permanente pour le pouvoir personnel, utilisent *l'appareil* pour éteindre tout ce qui pourrait apparaître comme un futur « *brûlot* » concurrentiel. La droite française est une spécialiste du genre, elle nous l'a montré en 2012 dans l'affrontement Fillion-Copé, mais la gauche la suit de très près. Il y a longtemps que le sens de l'intérêt national et du collectif s'est noyé dans le « *chacun pour soi* » et le « *enrichissez-vous d'abord* » des crises économiques et financières successives.

De fait, l'ensemble des partis politiques français dispose de nombreux *chefs* – nous ne parlerons pas de leur pléthore de « *petits chefs* » – mais manque généralement de *leader* et trop souvent de *manager*.
Machines à faire taire, ils se contentent donc d'être dirigés par des *chefs* qui cachent leur manque de charisme sous un couvert d'autoritarisme et leur manque de vision par un entregent mielleux et un réseau d'influence où sexe et médias ne sont généralement pas absents.

De fait aussi, par ricochet, ou par osmose, par interpénétration profonde, dans nos entreprises nous manquons, aussi, de leader et de managers ! Nos grandes écoles, contaminées par le « *Syndrome de la Patte Molle* », ne forment plus que des gestionnaires de tableaux de bord, éliminent les leaders et écrasent d'un mépris souverain les managers « *vrais* ».

La compétition interne soigneusement entretenue au sein de nombre d'entreprises n'arrange rien : loin de favoriser « *la sélection naturelle* » des plus forts, elle multiplie les traumatismes, les stress inutiles, les échecs programmés, et entasse « *dans les placards* » de trop nombreux « *cadavres* » inutiles.
Inutiles, car ces échecs ne sont pas « *débriefés* » pour faire progresser les compétences.
Inutiles, car stériles : quand on se bat pour sa survie, professionnelle et sociale, toute notre énergie est canalisée vers ce seul objectif.

Qu'importe l'entreprise, ses objectifs, son développement, sa production, sa politique commerciale et marketing. Le survivant sera celui qui aura pris le plus de recul, et soigneusement planifié sa stratégie... de destruction de ses opposants.

Sera-t-il le meilleur manager ou même chef ? À coup sûr nous pouvons prévoir que non : le meilleur « *killer* », « *tueur* », oui, certainement. Mais à quoi peut-il bien servir pour le développement de l'entreprise ?

Cinq rôles à jouer pour le manager !

Revenons donc à notre sujet principal : le manager !

Nous venons de survoler trois rôles du manager – le *manager* lui-même, le *chef* et le *leader* –, mais nous pouvons en trouver, au total, jusqu'à cinq qui s'emboitent les uns dans les autres.

Ne vous oubliez pas : cultivez votre « moi » !

Avant de les aborder, il nous faut revenir au terreau qui va faire germer puis s'épanouir en vous les cinq rôles du manager : vous, votre personnalité.

En réalité, nous avons ici une sixième « *casquette*» qui forge la silhouette d'un manager : à compréhension des rôles et connaissance des techniques égale, c'est la *personnalité* du manager qui fera la différence !

Une *personnalité* qui s'exprimera par la volonté de se développer ou de se soumettre face à un problème, par la détermination à

prendre toute sa place au sein du groupe, de la horde, du « *clan* », de la « *famille* », etc.
Mais aussi une personnalité qui décidera consciemment de placer l'humain au cœur de son action… ou non.

L'équilibre de votre personnalité est essentiel à votre rôle de manager : vous avez appris à vous critiquer sans vous « *casser* », à accepter vos forces, mais aussi vos faiblesses, et à transformer ces faiblesses en objectifs de développement personnel.
Vous avez appris à apprendre, et vous avez compris que la vie était un perpétuel apprentissage. Vous avez trouvé l'équilibre, encore entre une nécessaire adaptation permanente et la conservation de vos valeurs. Vous avez d'ailleurs, en passant, appris à dépoussiérer vos valeurs sans les trahir. Sans *vous* trahir.

À partir de cet apprentissage de votre gestion personnelle, qui est une vraie compétence, formée de Savoirs, de Savoir-Faire, de Savoir-Être et d'expériences « *digérées* », vous pouvez envisager de commencer à vous appeler « *manager* ».

Donc, ne vous oubliez pas, ne vous négligez pas : de votre équilibre personnel dépend votre « *écologie relationnelle* », et de ces deux-là, votre efficacité de *manager*.

Personne ne « naît leader » : on le devient, cela s'apprend !

Sur la notion de leader, ici encore, les idées reçues sont légion : certains « *naîtraient* » leaders... il serait possible de « *les enrôler dès la crèche* »...

Cette imagerie d'Épinal est historiquement datée : Napoléon devenu Bonaparte (ou inversement) en a abusé dans nos bourgs et nos fermes des années durant ! Une *campagne* publicitaire et idéologique qui trouvera, plus tard, son apogée « *industrielle* » dans « *l'Almanach Vermot* » (né en 1886) et « *Le Chasseur Français* » (né en 1885)[2] de 1940 – sous la coupe de Pétain – jusqu'au milieu de la deuxième moitié du vingtième siècle. Les séquelles de cette propagande marquent encore les écoles de la République, et les autres.

Mais voilà, toutes les recherches comportementales nous prouvent aujourd'hui que le *leadership* s'apprend, comme n'importe quelle technique de communication.

---

[2] Avec plus de 450.000 exemplaires en 2007, il reste le 5em mensuel français.

Bien entendu, il est plus facile d'être
« *leader* » lorsque l'on nait avec « *une cuillère en or dans la bouche* », que l'on peut disposer de meilleurs enseignants et que l'on ne passe pas la moitié de son temps à chercher à manger ou à dormir convenablement. Mais ces *privilèges* ne font pas de leurs dépositaires des « *leaders automatiques* ».

Trois rôles principaux et deux rôles secondaires.

Alors, reprenons – et apprenons – nos cinq rôles, endossons nos cinq « *casquettes* ». Elles ont chacune leur utilité, et leur nécessité, tout en répondant à des besoins différents :

- Le **LEADER** – qui « *montre le chemin* » : il gère les urgences vraies, celles qui mettent en cause la mission, les objectifs, et entraine derrière lui « *l'équipage* », les équipes. Le leader donne l'exemple, le cap, il est moteur, à l'initiative, devant.

- Le **CHEF** – « *la tête* » : il ordonne, décide, distribue les tâches à son équipe, et prend les décisions finales. Il dispose de la légitimité hiérarchique pour choisir des priorités, et porte les symboles de cette autorité.

- Dans un pays qui a aboli les privilèges depuis plus de 200ans, ceux-ci sont encore bien vivaces : uniforme, casquette – couvre-« *chef* » – épaulettes, barrettes, décorations…, mais aussi étage élevé dans la tour, importance du nombre de mètres carrés et de fenêtres du bureau, hauteur de la moquette, largeur du fauteuil, accès au « *mess* » des officiers, aux « *petits salons* » des cadres, voiture de fonction « *sportive* »…

- Le **MANAGER** – le « *maître du manège* » : il organise, délègue et répartit les rôles, responsabilise et développe les compétences.
  - C'est lui qui donne du sens : il peut être à la fois chef d'orchestre, musicien, compositeur, producteur, créateur. Il s'occupe des équipes et des moyens nécessaires aux équipes dans le contexte examiné.
  - C'est un rôle transcendant et transverse : il peut utiliser tous les autres rôles à sa disposition en fonction des besoins. Mais c'est un rôle récent, historiquement daté : fin du XXe siècle.

Le manager utilise ces trois rôles principaux, mais se fait aider par deux rôles complémentaires :

- Le **COACH** – celui qui « *dirige la diligence* »[3] : il s'occupe des individus, les motive, les aide à se former, à s'épanouir, à comprendre mieux, à se sentir mieux, à travailler mieux et être plus productif[4].
    - C'est aussi un rôle transverse qui peut utiliser tous les autres rôles.
    - Comme une chaîne, celle-ci est aussi forte que le plus faible de ses maillons : c'est le coach qui renforce l'équipe en renforçant les « *maillons faibles* » et en développant les compétences individuelles.

- L'**ÉCLAIREUR** – celui qui « *éclaire* » l'avenir : extension du manager, il anticipe, prévoit, observe, prend du

---

[3] Mot sans doute d'origine anglaise (coach = diligence), mais qui, à partir de l'italien « *cochio* » et/ou de l'allemand « *Kutsche* » a donné « cocchier » puis « *cocher* » en français.

[4] A ne pas confondre avec le rôle du « *coach sportif* », un peu différent et spécialisé.

recul, informe, cherche des nouvelles voies, imagine, cherche de nouveaux chemins, anticipe.

Un bon manager c'est quoi ?
Un « *bon* » manager est donc quelqu'un qui assume l'ensemble de ces « *casquettes* », de ces rôles, et qui leur laisse – ou mieux, qui leur organise – une place dans son emploi du temps.

Êtes-vous *manager* ou « *seulement* » *chef* ?
Quelle est votre place dans la production ?
Quelle est votre marge de manœuvre ?
Que devez-vous encore développer ?
Si vous avez une vraie fiche de poste de *manager*, comment vous organisez-vous pour assurer vos différents rôles ?

Le schéma suivant illustre cet enchevêtrement des rôles.

Schéma des rôles managériaux

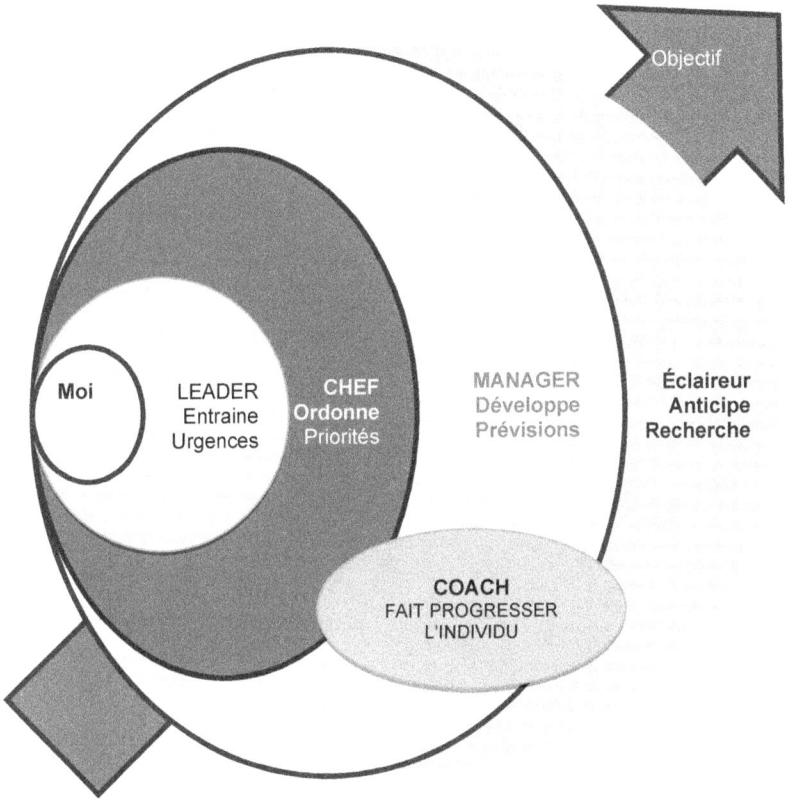

Test

Voulez-vous faire un petit test ?
Remplissez, honnêtement, pour vous, le tableau suivant.
Il reprend les différentes « *casquettes* », donne des exemples d'action correspondant à chaque rôle, mais vous pouvez en ajouter encore.

Combien de temps consacrez-vous, sur une semaine ou un mois ordinaire, et dans le cadre de votre travail de manager, de chef d'équipe, de chef de projet, de chef de service, à… :

Rôle « *Casquette* »	Exemple d'action	Tps en h	%
Moi	Votre propre développement ; votre formation et information ; méditation et réflexion ; bien être ; sport ; ... • Conférences ; formation ; lecture de livre ; études de cas ; sports individuels et collectifs ; ... • Autre :		
Leader	Aller sur le « *terrain* » ; faire la « *tournée des popotes* » ; se confronter à la réalité d'un service ; débloquer des situations de conflits ; résoudre les problèmes ; ... • Visite de chantier ; « tournée des popotes » ; déjeuner de travail ; inspection surprise ; rencontre avec les décideurs ; ... • Autre :		
Chef	Ordonner ; déléguer ; vérifier la progression des objectifs collectifs ; mettre « *de l'huile dans les rouages* » ; résoudre les conflits collectifs ; ... • Réunion de travail ; suivi de chantier ; organisation d'équipe ; résolution de problèmes ; ... • Autre :		
Manager	Prévoir à moyen termes ; organiser une stratégie ; rapprocher des moyens matériels et humains ; développer les compétences au sein de ses équipes ; motiver ; lancer des projets ; des études ; Actes de gestion ; ...		

	<ul><li>Conception de stratégie ; Gestion et direction de projet ; rapport d'expérience (REX) ; rapport d'étonnement ; organisation ; gestion ; prévision budgétaire ; …</li><li>Autre :</li></ul>		
Coach	Gérer les individus, les recevoir ; les écouter ; les développer ; les motiver ; résoudre les conflits interindividuels ; former ; … <ul><li>« *Remontée de bretelles* » ; entretiens individuels de progrès ; entretiens de régulation ; de gestion de conflits ; …</li><li>Autre :</li></ul>		
Éclaireur	Anticiper ; faire du « *benchmark* » ; imaginer de nouveaux projets ; rencontrer de nouveaux partenaires ; … <ul><li>Visite d'entreprise et de chantiers extérieurs ; club d'entrepreneurs ; lecture de livre ; écoute et recherche de reportages télévisés ; recherche d'emploi ; …</li><li>Autre :</li></ul>		
Total			100 %

Une répartition efficace serait équilibrée autour de quinze ou seize pour cent par catégorie de rôle, mais dans la plupart des cas, le développement personnel, ainsi que le développement *du* personnel, sont sacrifiés au profit d'un « *chef* » surdimensionné.

Le *coach* et *l'éclaireur* se désespèrent alors dans une réunionite chronique et le *manager*, finalement, disparaît au nom de « *l'urgence* », de la pression, du « *manque* » de temps, de moyens, de pouvoir... ou de compétences.

Attention, si vous en êtes là : votre pouvoir managérial est affaiblit, et vous risquez d'attraper le « *Syndrome de la Patte Molle* »...

Diagnostic N°2 : Le « *Syndrome de la Patte molle* »

Un syndrome, selon les dictionnaires, est « *un ensemble de symptômes qui peuvent identifier une maladie* ». Mais aussi « *l'ensemble des comportements d'un groupe de personnes qui ont subi une expérience traumatisante* ».
Et depuis le 11 septembre 2001, de crise en crise, nous sommes bien dans le « *post-traumatique* »...

Le « *Syndrome de la Patte molle* » n'est que la partie émergée d'un iceberg managérial, gigantesque mais « *contaminé* », qui gangrène la vie de nos entreprises. Il fait baisser la productivité, diminue la créativité et la proactivité, augmente les malfaçons, le turn-over, l'absentéisme, les accidents du travail et finit par provoquer nombres de suicides.

Ce syndrome est donc, avant tout, un marqueur de l'état de la chaine managériale d'une entreprise, mais un seul dirigeant ou cadre contaminé peut rendre malade toute l'entreprise.

Un syndrome composé de sept symptômes

Parlons tout de suite du remède, car il existe ! C'est un remède complexe, car la « *maladie* » est elle-même complexe. Mais heureusement, il existe des « *vaccins* », et certaines entreprises, soucieuses des hommes et des femmes qui les composent, pourront être « *sauvées* ».

Une « *multithérapie* » drastique et transversale sera donc nécessaire, car le « *virus* » touche toute l'organisation – et toutes *les* organisations – transmis par la chaine de commandement.

Alors, en attendant que « *l'Entreprise* », ce grand corps improbable, développe un jour sa batterie d'anticorps, à votre niveau, vous n'êtes pas obligé d'accepter d'être un manager « *contaminé* » !

Ni d'être sous les ordres d'un petit chef « *infecté* »...

Vous pouvez – vous devez, car cette « *peste* » est contagieuse – mettre en place vos « *médecines* » personnelles... avant d'aller chercher fortune ailleurs si vos « *supérieurs* » hiérarchiques ne vous suivent pas. Après tout, ce ne sont pas les entreprises qui manquent, et en dernier ressort, vous pouvez tenter de créer la vôtre : la notion de *carrière* a bien évolué depuis le vingtième siècle et le millénaire dernier !

Cette « *maladie* », vous pourrez la diagnostiquer autour de l'expression de sept symptômes complémentaires.

Mais pour commencer, voyons comment se présente le « *grand corps* » quand il tombe « *malade* » :

Histoire vécue N°1 : le nouveau chef

> *Histoire ...*
>
> *Charles est ce que d'aucuns appellent un « employé modèle ». En cinq ans de présence dans le service, il n'a jamais été absent, jamais été en retard. Il aime son métier, il est soucieux de la qualité de son travail, et cherche en permanence à optimiser le temps de réalisation de ses missions. Il apprécie aussi le travail accompli en équipe.*
> *Mais voilà... Depuis l'arrivée du nouveau chef, il y a quelque chose qui ne tourne pas rond, ici. Il n'arrive pas à comprendre quoi, mais il semble que « le vent » ait tourné. L'air que l'on respire à présent, sur le plateau,*

est devenu comme « lourd ». L'ambiance se détériore de semaine en semaine.

Charles n'est pas de ceux qui se gavent de nostalgie, de l'« avant, c'était mieux ». Un nouveau chef, c'est une opportunité permettant de secouer les habitudes et de mettre en œuvre de nouvelles idées, de nouvelles façons de faire. Y compris pour Charles lui-même.
Et celui-là, le nouveau chef – Claude – semble techniquement compétent. Ses observations sont pertinentes, ses interventions permettent souvent de débloquer les obstacles. La qualité, c'est une référence commune à l'équipe ! Non : Charles se sent mal, n'a plus le même enthousiasme, mais sans véritablement comprendre pourquoi !

Il trouva la solution à cette énigme lors de la quatrième réunion générale menée par Claude depuis son arrivée, alors que lui-même revenait d'une semaine de congés pour une grippe sévère, un truc en « H7 ». Lui qui n'attrape jamais rien, d'habitude, avait bien été obligé de s'arrêter quelques jours…

L'ambiance de la réunion, ce mardi matin, était à la sinistrose.

> *Et au silence : où donc étaient passées les plaisanteries habituelles entre les cabotins du service ? Où donc étaient passés les regards complices des anciens ? Chacun était plongé dans ses dossiers, ou tapotait fébrilement sur son clavier de portable.*
>
> *Quand le Chef entra dans la pièce, il « faisait la tête ». Il grogna un salut général totalement incompréhensible, et tendit une main agacée et pressée à ceux qui étaient près de la porte. Il effleura quelques doigts, mais, visiblement, le cœur n'y était pas. Il avait les yeux plongés vers le sol, et il traversa la pièce sans regarder personne. Puis, sans attendre, il commença son intervention.*
>
> *Et ce qu'il avait à dire n'était pas particulièrement plaisant...*

Décodage

Claude, sans le savoir, sans le vouloir, mais sans réfléchir non plus, vient de déclencher dans son équipe un « *Syndrome de la Patte molle* ».

La conséquence immédiate de ce syndrome est de créer deux éléments de stress primaires, sous l'expression de deux *émotions fondamentales* chez ses victimes : la *peur* et la *colère*.

La *peur* entraine « *la fuite* », et la *colère*, « *l'attaque* » : dans les deux cas, Claude, le *Chef*, le *leader*, celui qui *montre le chemin*, a gagné sa journée...

Premier symptôme : « on » attend le chef !

En premier symptôme, « *Claude* » se fait attendre.

Le pouvoir du « *roi* », quand bien même certains d'entre eux donnaient *l'exactitude* comme une vertu.

Il arrive *après* tout le monde, et crée ainsi, même en arrivant à l'heure annoncée, un stress sous forme de *frustration* chez ses collaborateurs qui ont, sans doute, autre chose à faire.

Des dossiers en retard, par exemple, ou des réponses à des questions du *Chef*, ou d'un client, etc.

Cette *frustration* sera d'autant plus intense que la pression du *temps* est manifeste dans l'organisation du travail de l'équipe, ou que la réunion aura été programmée de *trop* bonne heure ou *trop* tard – après seize ou dix-sept heures – ou que l'ordre du jour est inexistant, ou inadapté.

Deuxième symptôme : le chef est en colère !
En second symptôme, « *Claude* » manifeste sa mauvaise humeur personnelle intérieure par un masque facial peu engageant : c'est le « *smiley* » classique « ☹ » !

Au bout d'un mois de présence, « *Claude* » a relâché son attention aux personnes. Sa *mauvaise humeur* est palpable. Il a « *besoin* » de « *booster* » l'équipe, car ses propres chefs lui ont donné pour « *mission* » de « *secouer le cocotier* » d'un groupe qui « *ronronne* » trop.

Et ils le tiennent pour personnellement garant de « *l'augmentation des résultats* ».

La responsabilité de la chaîne de commandement est ainsi engagée dans un processus qui va aboutir au contraire de l'effet espéré.

Rien n'a été dit clairement, aucun objectif précis n'a été défini, aucun critère de résultat n'a été négocié, mais « *Claude* » sait bien que c'est là qu'*ils* l'attendent : « *au tournant* ».

Un chef stressé stresse son équipe.
« *Claude* » est *stressé* de la plus mauvaise manière : un *stress négatif*. Il se sent lui-même « *en danger* », et il n'aime pas ça.

Cette situation le met en *colère*, d'abord contre lui-même : il ne peut plus fuir puisqu'il a accepté la pression de ses supérieurs sans protester. Il s'est « *couché* », pour leur faire plaisir, pour survivre, lui aussi.
Il le sait, et la culpabilité a tendance à le ronger. Il se sent *faible* et cette faiblesse le touche, le mine, et finalement, l'immobilise, l'inhibe, dans des postures socialement contestables.

L'inhibition est un état généré par l'impossibilité de votre « *cerveau reptilien* », maître des réflexes, du stress et de la survie, de trouver une solution – fuite ou attaque ? – à un danger annoncé. C'est le lapin qui a vu la buse qui a vu le lapin et qui plonge. Le lapin s'immobilise au milieu du pré « *des fois que la buse ne le voie pas* ».
En réalité, il lui est incapable de choisir entre la fuite ou une quelconque forme d'attaque : les deux seraient vaines, et il le sent bien.
Bien souvent trop tard, il tentera à la dernière fraction de seconde une action désespérée pour éviter les serres mortelles qui veulent le saisir.

La colère ? Une émotion à double tranchant !

Pour revenir à la colère, la tradition de transmission des compétences a longtemps utilisé cette émotion pour pousser « *l'autre* » à l'action. Toutes les armées du monde utilisent ce levier pour faire avancer leur troupe. Le soldat doit être soumis à son sergent-instructeur, mais celui-ci le pousse à concentrer sa colère pour qu'il devienne plus dangereux pour ses ennemis.

La colère peut être un stress fondateur, moteur de changement, mais ici, retournée en premier contre son auteur, lui-même en charge d'équipe, elle obtient l'effet inverse de celui recherché par « *les grands chefs* » qui, pour « *enfoncer le clou* », se gardent bien d'entrer dans la mêlée managériale pour l'aider en quoi que ce soit.

La *colère* est une émotion qui pousse à l'action, mais il est compliqué de la mobiliser positivement.
En premier, *émotion fondamentale* bien particulière, elle s'exprime en « *contre* », et surtout « *contre l'autre* » ;
En second, pour compliquer l'affaire, elle dispose d'un double « *starter* » de lancement.

La colère : un signal de danger trop proche.

Son premier déclencheur se manifeste quand notre « *cerveau primitif* », notre « *crocodile* », perçoit un *danger* jugé comme *trop* proche : il n'est plus temps d'avoir *peur,* car la fuite est impossible, ou inefficace !

Alors que la *peur* mobilise le bas du corps pour fuir au plus vite, la *colère* mobilise le haut du corps pour se battre : vous devenez rouge de colère pour mordre, vos poings se ferment pour frapper ou contrer l'attaque, et le ton de votre voix passe en mode « *cri* » pour impressionner votre agresseur.
Nous sommes là dans un danger (réel ou virtuel, imaginé), qui nécessite – qui provoque – une (ré)action immédiate – et souvent violente – pour *survivre*.

Le danger réel (celui qui met des vies en jeu) apparaît sous la forme d'une agression physique : nos sens nous disent qu'il y a quelque chose qui nous menace. Comme un sol qui bouge ; comme un objet ou quelqu'un qui se précipite dans notre direction ; comme une chaleur intense qui nous dit qu'il y a le feu quelque part ; comme une sensation de froid qui nous avertit d'un changement d'environnement ; comme un goût désagréable dans l'huitre que l'on va gober ; etc.

Le danger virtuel n'a pas de limites
« *Même mort tu as peur du serpent !* » dit un proverbe Africain.
Le danger *virtuel*, lui, n'a de limites que celles de notre imagination, et pour décors l'univers de nos propres peurs.

Histoire vécue N°2

> *Histoire…*
>
> *– Tu as vu la tête du chef, ce matin ? Bon sang, qu'est-ce que je vais dérouiller, encore ! J'ai réunion avec lui tout à l'heure… J'ai intérêt à préparer mes arguments !*
> *– Laisse tomber ! Tu n'as rien compris : son gamin a les oreillons, et il n'a sans doute pas dormi de la nuit. Cela fait deux jours qu'il nous bassine avec son môme !*

La valeur trahie !

Nous ne sommes pas en zone de guerre, en danger vital, et pourtant, la colère nous « *prend* » de temps à autre, avec les mêmes effets destructeurs et socialement incompréhensibles.

Le deuxième déclencheur de la *colère* est une « *valeur trahie* » importante pour vous. Vous êtes alors en colère contre « *l'autre* » qui bouscule vos certitudes et vos croyances.

Mais ici, dans notre première histoire, *Claude* sent bien qu'il a trahi ses propres convictions, en acceptant une pression non justifiée de la part de ses supérieurs.
« *L'autre* », c'est lui.
C'est *contre* lui qu'il est en *colère*. Pourtant ses subordonnés ne le ressentent pas ainsi, ne le comprennent pas ainsi, et sans explication, ne peuvent pas le comprendre : ils prennent cette colère contre eux, et cela n'est pas sans conséquence, nous y reviendrons.

Troisième symptôme : trahison du « Code du Regard » !
Premier symptôme, donc, il se fait attendre.
Deuxième symptôme, il manifeste une colère non expliquée.
En troisième symptôme, *Claude* ne respecte pas le « *Code du Regard* » : sa « *mauvaise humeur* » s'accompagne d'un « *non-regard* ».

Chez les grands singes, *dévisager* l'autre est considéré comme une forme d'agression et de défi. C'est le signe rituel d'une volonté d'engager un rapport de force qui peut conduire soit à l'écrasement de l'autre, à sa disparition du territoire, soit à une nouvelle hiérarchie renforcée qui se traduira elle-même par d'autres signes rituels de domination/soumission.

Respecter les codes !
Nous autres, hominidés, à force de destruction et d'équilibre de la terreur, avons développé depuis l'utilisation du premier outil une version sociale et culturelle du *regard*, où la *diplomatie* – surtout sous forme de *séduction* – a son importance, ses rituels et ses codes.

Ne *pas* regarder l'autre, selon la prescription communément admise dans l'espèce, est donc devenu au fil des millénaires le signe d'une *défiance*, d'une *hostilité* pouvant présager, conduire, ou entrainer un *conflit*.
Regardez un gorille dans les yeux et, si vous survivez à la suite du programme, vous comprendrez combien il est important de respecter les « *codes du regard* »... et du « *non-regard* ».

L'empathie c'est décoder les émotions des autres.
Nous sommes « *programmés* » dès la naissance, et nous nous entrainons toute notre petite enfance, sinon toute notre vie, à

lire les émotions sur le visage de « *l'autre* » et ses intentions dans sa *posture corporelle*. C'est l'*empathie*, que chacun développe et perçoit selon ses besoins et ses expériences.

La colère de Claude, même dirigée contre lui-même, est perçue ici – avec en multiplicateur l'intensité de son « *non-regard* » – comme un signal d'hostilité du *chef* au *groupe*.
Le « *grand singe* » dominant ne nous aime pas, c'est évident même si nous ne comprenons pas pourquoi !

Décoder les émotions des autres est d'abord un réflexe facilitant la survie collective : fuite ou attaque sont des réflexes de survie actionnés automatiquement par notre « *cerveau reptilien* », notre « *crocodile* ».

Nos yeux, et plus généralement nos sens, détectent un danger potentiel, réel ou virtuel, et notre cortex réagit avant même que nous ayons conscience de ce danger.
Si un danger est perçu par quelqu'un, il va d'abord avoir *peur*.
La *peur* incite à un réflexe de *fuite*.

Qu'importe *qui* a *peur* en premier : la *peur* de *l'autre* va se voir.

Je vais la voir, et *je* vais ressentir la même *peur*.

Les émotions sont « *contagieuses* » par *empathie* : c'est un avantage de survie de l'espèce ! À comprendre que l'autre a *peur*, je vais ainsi pouvoir fuir ce danger que je ne vois pas, mais que l'autre a perçu. Je ne sais pas pourquoi je cours, mais je cours !

Et sur mon visage, j'ai le *masque* de la peur que d'autres, que je croise, vont pouvoir déchiffrer à leur tour. Ainsi, une *panique* nait, et peut faire courir une foule pour éviter l'attentat, ou, pour des émotions positives, lancer une « *Ola* » dans le stade.

Il suffit donc d'une fraction de seconde à l'équipe pour percevoir la *colère* de « *Claude* », et la partager. C'est un réflexe.

C'est le Chef, il a du Pouvoir

C'est le *Chef*, il a du *pouvoir* et/ou de la *force* et, sans raison connue, sa *colère* est perçue comme *hostile* et *dangereuse* pour ses interlocuteurs, pris individuellement, puis collectivement.

Chacun se sent personnellement visé, sans savoir pourquoi.

Chacun a *peur* et cela se voit : la *peur* de l'un devient la *peur* de l'autre.

Du sentiment de « *faute* » (qu'ai-je fait pour qu'il soit en colère ?) à la « *culpabilité* » (que n'ai-je pas fait pour qu'il soit en colère ?), il n'y a qu'un pas que certains vont aussi franchir dans les secondes qui vont suivre.

Si chaque réunion commence sur ce rituel du chef (il arrive, ne regarde personne, ne salue personne…), les participants vont progressivement apprendre à anticiper leur propre peur, et à se préparer à agir selon l'attitude de fuite qui leur semblera la plus appropriée… pour assurer leur sauvegarde, leur « *survie* ».

Pour compléter le tableau, quelle que soit la raison de la *colère* de Claude, celle-ci déclenche *chez lui* une envie d'*attaque* !
Elle se traduit par une agressivité « *spontanée* » : il a « *envie de mordre* », et tant pis pour celui qui osera s'opposer à lui.

La résonnance empathique : un miroir centripète
Émettant des émotions négatives violentes, il reçoit inconsciemment, en miroir, en « *résonnance empathique* », la *colère* et la *peur* de ses interlocuteurs.

Préoccupé, centré sur ses propres émotions, il se coupe de son environnement et ne peut comprendre qu'il est l'unique émetteur de la colère qu'il perçoit en retour. Les autres lui sont hostiles ? Ils vont donc « *voir ce qu'ils vont voir !* »

La *colère* de *Claude* s'autoalimente de ce qu'elle crée comme réponse, comme *feedback*, de la part du groupe.
Mais comme cette colère est artificielle (il n'y a pas de *réel* danger perceptible dans son environnement immédiat), il va entretenir artificiellement son *agressivité* qui, elle-même, va apparaître de plus en plus *injuste* à des subordonnés qui la comprennent de moins en moins.

La mécanique infernale est lancée sur ses rails, avec une responsabilité collective de la chaîne hiérarchique et une responsabilité individuelle de « Claude » qui n'a pas su – *voulu* – dire « *non* » et agir autrement.

Pour l'équipe, de l'*injustice* à la *révolte*, il n'y a qu'un pas, et la boucle est bouclée d'une perte de crédibilité et d'autorité du chef.

Quatrième symptôme : cinq comportements de fuite du groupe.

Face à la *colère* apparente du *Chef*, qui enclenche la *peur* du groupe, les primates que nous sommes vont donc avoir un premier réflexe de *fuite*.

Nouvelle frustration, il n'est pas possible de sortir de la salle : trop tard, le *Chef* est arrivé ! La réunion commence…

La *peur* nous pousse à courir, pour *fuir* le *danger*, et il nous est impossible de le faire dans un lieu où la moindre des politesses est de ne pas perturber la bonne tenue de l'assemblée.
Notre stratégie d'évitement, faute de pouvoir disparaître physiquement et instantanément du lieu où se tient la réunion, va néanmoins pouvoir s'exprimer selon *cinq* modes de *fuite*, classiques et redondants.

Première solution de fuite : se faire tout petit.

Les personnes ayant « *choisi* » ce mode de fuite vont se replier sur elles-mêmes en espérant se faire oublier. Elles ne parleront que le strict minimum, et encore, uniquement si le *Chef* le leur demande expressément et personnellement.

Seconde solution de fuite : l'urgence extérieure.
Une petite partie des participants vont se trouver des excuses urgentes pour éviter de venir et, par défaut, pouvoir sortir avant la fin.
Comme il est difficile de trouver une urgence *crédible* plus importante que d'écouter le discours du chef, seulement une personne, au maximum deux à trois, pourront, par réunion, obtenir satisfaction à leurs peurs de cette manière.
Cette excuse évènementielle exceptionnelle ne pouvant servir de semaine en semaine, ils vont développer une propension à tenter de ne pas revenir la semaine suivante.

Troisième solution de fuite : « botter en touche » !
Une partie des participants vont finalement apprendre à jouer au jeu du « *J'ai-Fait-Mon-Job-Rien-Que-Mon-Job-Je-L'Jure* », une version *soft* du « *Pas-Nous-Pas-Nous* », elle-même variante *light* du « *C'est-Pas-Moi-C'est-L'Autre-Et-J'En-Ai-Les-Preuves* ».

Quatrième solution : jouer l'impuissance !
Cette avant-dernière *catégorie* de participants va tenter de contrer la *colère* du *Chef* par le renvoi en miroir d'une forme de colère fictive – *ils ont peur !* – qu'ils vont alimenter en chantant le refrain bien connu du « *J'Ai-Pas-*

Les-Moyens-Pour-Faire », complété très vite, mais sous le boisseau, par un « *et-c'est-de-votre-faute !* »

Le *manque de moyen* « *justifie* » l'absence d'action ou l'absence de résultats.
Dans ce jeu de rôle, c'est *colère* contre *colère*, *attaque* et *contre-attaque*, mais ce faisant, ils s'exposent à devenir l'objet de l'attention privilégiée du chef qui pourra ultérieurement leur octroyer la place privilégiée de « *Bouc Émissaire* » : ils resteront donc une minorité prudente, mais résistante.
Une partie de cette minorité, dans les grandes organisations et si le chef monte un peu trop la pression, va très vite nourrir, un peu artificiellement et négativement, les rangs des délégués du personnel, délégués aux CE, CHSCT, etc.
Merci, « *Claude* » !

Cinquième solution : le « grooming » !

La dernière catégorie des participants va tenter de jouer une carte très particulière.
Chez les grands singes, nous appelons cela le « *grooming* » : c'est la séance « *épouillage* ».
« *Et que je te câline* », « *et que je te souris* », « *et que je te procure de petites attentions* », des regards, des gestes de soutien, des offrandes (stylo, papier, document, chaise,

boisson fraiche, café, offre d'aider au fonctionnement du vidéoprojecteur, offre de recherche de précision dans le tableau de résultats, sur internet,...).
C'est une minorité. Mais agissante, elle fournit des légions de « *chouchous* » mielleux, et parasite improductifs, dans les meilleures équipes.
C'est aussi dans cette catégorie que les « *petits chefs* » harceleurs vont choisir leurs victimes, avec tous les niveaux de pressions, du mépris à l'agression sexuelle.

Cinquième symptôme : des résultats médiocres.
Tout ceci, bien entendu, contribue à diminuer la qualité et les résultats par *inefficacité* de l'équipe : nous sommes loin des rapports « *gagnant-gagnant* » entre la hiérarchie et les équipes de production.

L'énergie dépensée dans des stratégies de survie déployées *en réponse* aux attitudes néfastes du *chef* ne l'est pas dans la *créativité*, *l'efficacité* et la *productivité* de l'entreprise !

Alors, changez le chef et vous changez l'efficacité de l'équipe ?

- *Oui*, surtout si vous remplacez le *chef* par un *manager* (nous avons vu précédemment la différence entre les deux).
- *Non* si l'attitude du Chef n'est que la conséquence d'une chaîne de management défaillante utilisant des méthodes dépassées et inadaptées.

Et ce n'est pas fini, loin de là, car le « *Syndrome de la Patte Molle* » est particulièrement délétère et morbide !

Sixième symptôme : le sentiment de manque de reconnaissance !

« *Claude* » ne respecte pas les « *Code de Reconnaissance* » interindividuels et collectifs : « *nous sommes des pions* », « *il n'intervient que pour nous engu…* », « *quoi qu'on fasse, il n'est jamais content !* », « *ça ne sert à rien de se décarcasser…* »…

Ces phrases s'entendent trop souvent, dans l'équipe de « *Claude* », et il ne fait rien pour changer cet état de fait par sa pratique d'une « *patte molle* » lors de sa rencontre avec ses subordonnés.

En *touchant* ses premiers interlocuteurs du bout des doigts, sans leur serrer la main conventionnellement, « *Claude* » déclenche instantanément la *colère* des individus, puis du groupe.

Ceux qui viennent d'être *touchés mollement*, sans être regardés, ressentent ce qu'ils prennent pour du *mépris*, de l'*indifférence* et du *non-respect* de la part du *Chef*.
Ceux qui *n'ont pas* été *touchés* ressentent la même chose avec en plus une pointe de *jalousie* de ne pas faire partie des *privilégiés* de l'attention du *Chef* !

Il est à noter une variante de la « *Patte Molle* » aux effets identiques : votre interlocuteur, jouant les petits coqs de bassecour, vous *écrase* la main avec trop souvent un rictus de *mépris* aux lèvres. L'*humiliation* s'ajoute donc au sentiment *d'exclusion*, de *non-respect* et de *dédain*.

Et si, en plus, vous ajoutez une dose de sexisme au tableau… Machisme ou féminisme à outrance sont antinomiques du respect des individus.

Vous avez dit « respect » ?
Le « *Code de Reconnaissance* » interindividuel est propre à chaque époque, à chaque culture, à chaque groupe.
Le respecter, c'est être intégré au groupe.

Un Marseillais n'a pas le même « *bonjour !* », et le même code de reconnaissance-identification – « *Comment vas-tu, hé con !* » – que le Lillois, ou le Parisien, ou encore que le « *tap* » d'un gamin des quartiers de ces mêmes villes.
Ne parlons même pas des signes d'accueils des autres cultures dans d'autres langues.

Ici aussi, nos origines primates jouent un rôle important dans la place que nous donnons, socialement, culturellement, aux « *chefs* », aux leaders. La hiérarchie archaïque de la *bande*, de la *troupe*, de la *horde*, puis de la *tribu* et du *clan*, a toujours des conséquences dans les relations humaines modernes.

Toute transgression a des effets secondaires !
Toute omission, transgression et autre provocation, volontaire ou non, aura donc des *effets secondaires* qu'il vaut mieux connaître, si vous ne les supportez pas ou si vous n'êtes pas assez *fort* pour les contrer ou les gérer quand ils apparaissent.

Ne pas respecter ce code, c'est *ne pas* faire partie « *de la bande* », du groupe, de l'équipe, du milieu : c'est un signal de rejet.
Rejeter l'autre, c'est *l'exclure* de fait, et l'exclusion fait peur. Cette peur est un vieux

réflexe atavique né de temps ou être exclu de la tribu conduisait inexorablement à la mort.

Mais, de fait aussi, exclure, c'est risquer déclencher le *conflit*, ou même la *guerre* si « *l'autre* » ne veut pas s'éloigner du territoire (territoire *physique*, territoire de *pouvoir*, ou territoire de *compétences*) ou se *soumettre* aux règles du groupe !

Quand le Chef ne respecte pas le code, il s'expose donc lui aussi aux mêmes conséquences en miroir : rejet, mépris, non-respect.

« *Claude* », en quelques fractions de seconde, quoi qu'il ait pu faire auparavant, se compose une « *machine infernale* » qu'il a déclenchée et qui lui explosera au nez un jour ou l'autre.

Septième symptôme : le turn-over

En très peu de temps, quelques semaines au plus, Claude – et ses *supérieurs* – va donc obtenir le contraire de ce qu'ils recherchent : baisse de motivation, baisse de qualité du travail, baisse d'efficacité, et baisse de rendement.

À moyen terme, ceux qui ne peuvent partir vont s'investir « *ailleurs* » : ils sont

dynamiques, compétents, efficaces, et le *mépris* du chef les blesse. Des milliers d'associations « *Loi 1901* » sont gérées par des cadres ou des employés compétents *déçus* ou *frustrés* par leur entreprise.
Les conseils municipaux de toutes les communes de France reçoivent aussi leur part de ces « *transferts* ».

À long terme, donc, le turn-over va augmenter : demande de mutation, démission, projets d'externalisation ou personnels…

Bien entendu, ce sont les plus dynamiques, les plus efficaces, les plus *mobiles* dans leurs têtes qui partiront les premiers…

Bien entendu, nous sommes dans une configuration « *favorable* » ou le chef ne provoque pas de *révolte*. Sans ses troupes, un chef n'existe pas. Mais quand les troupes se retournent contre le chef…

En résumé, les sept symptômes :

N°	Symptômes	Conséquences
1	« On » attend le chef	Frustrations Exaspération Perte de temps
2	Le chef est en « colère » non expliquée	Peur Culpabilité Colère Ambiance détestable
3	Trahison du code du regard	Peur Fuite Évitement Perte de valeur
4	Cinq comportements de fuite du groupe	« se faire tout petit » « l'urgence extérieure » « botter en touche » « jouer l'impuissance » « le grooming »

5	Des résultats médiocres	Démotivation Rejet du chef Impuissance des équipes
6	Sentiment majoritaire de manque de reconnaissance	Non-respect réciproque Rejet du chef Mépris Humiliation Colère et Agressivité Rumeurs Concurrence interne artificielle
7	Le Turn-Over	Baisse de motivation Évitement Fuite Départ Mutation Arrêt maladie Accidents et incidents Révolte

Les remèdes

En premier, « *Claude* », laissez vos doutes et vos illusions « *à l'extérieur* » de l'entreprise : adoptez le « *smiley* » positif, « ☺ », quelles que soient les circonstances.

Une équipe se construit !

Ne vous bercez pas d'illusions : une équipe se construit, elle ne se décrète pas. Chaque brique posée dans cette construction est un combat.

En fonction de la taille de cette équipe, le rôle, la place, et la perception du manager peuvent être très différents. Mais dans tous les cas, ses alliances sont « *ailleurs* » : le *Manager* est redevable de la réalisation des objectifs qui lui ont été confiés par ses supérieurs, et qu'il a acceptés.

S'il doit passer une alliance stratégique, ce n'est pas avec ses subordonnés, quand bien même il doit soutenir ses équipiers, les aider à se développer, à grandir, à être plus efficaces, plus motivés.

L'équipe est un *outil*, un moyen mis à disposition des objectifs à atteindre, non une fin en soi, quelques soient les éléments de confiance ou les relations affectives qui peuvent, et doivent, se développer pour que l'équipe soit efficace.

Distinguez « *manager* » et « *gérer* »

Être *Manager*, c'est d'abord *animer* un groupe d'hommes et de femmes en vue d'atteindre un objectif précis !

Nombre d'entreprises développent aujourd'hui un management artificiellement basé sur une mesure comptable des résultats obtenus à court terme : ça – remplir des tableaux de bord – c'est *gérer*, ce qui est par ailleurs totalement légitime, mais ce n'est pas *manager*.

Malheureusement, ou plutôt heureusement, la relation humaine ne se quantifie pas totalement. Il est donc *vraiment* nécessaire de différencier la *gestion* et le *management*.

Reconnaissez !
Manager les hommes et les femmes, c'est en premier les reconnaître comme des individus, avec leurs compétences, leurs forces de travail à un moment donné, et leurs potentiels de développement.

Vaccinez-vous contre la « patte molle » !
Combattez avec rage toute manifestation du « *Syndrome de la Patte Molle* », y compris chez vos subordonnés et vos supérieurs. À ces derniers, offrez-leur ce livre, en guise d'avertissement !

Organisez des réunions efficaces !
Pour finir avec notre exemple (vécu), si une réunion est un acte de communication fort,

elle est d'abord un *outil* adaptable susceptible de faire avancer de nombreux objectifs. Quand la communication ne sert qu'à elle-même, la réunion peut appuyer le management, l'organisation, la motivation et le maintien du moral des troupes, la prise de décision...

Je fais une réunion, d'accord, mais pour quoi faire ?
Un *Chef* organisera une réunion uniquement comme faire-valoir, pour informer de *ses* décisions, et montrer « *que le chef est le chef* », alors qu'un *Manager* l'utilisera comme un outil d'aide à la réalisation de ses objectifs généraux et stratégiques.

Comme un responsable de réunion est l'objet de toutes les attentions, le centre de l'instant, il se doit donc de dire ce qu'il fait, et de faire ce qu'il dit ! Respectez les règles et procédures d'une *réunion efficace* : préparez et faites préparer la réunion par un *ordre du jour* connu à l'avance !

Réfléchissez à *mener* cette réunion avec des objectifs opérationnels précis : que voulez-vous obtenir de cette réunion ? Quelle image voulez-vous donner de vous ? Quel rôle allez-vous adopter dans cette réunion, pour quels objectifs ?

Face aux opposants potentiels, quelle attitude, quel style de management allez-vous développer ? Pour faire quoi : les faire taire ou les inciter à développer de nouvelles idées pour enrichir les vôtres ? Pour générer un conflit ou un compromis ? Pour imposer ou faire partager ?

Le respect, c'est réciproque…
La reconnaissance des individus dans le groupe commence aussi par celle du *Chef* : mais le chef n'est *respecté* que s'il est *respectable* !

L'exemple d'un (certain) ministre du budget français, qui a subi un retour de flamme destructeur comme suite à la transgression de cette règle, marquera les esprits pour longtemps, mais n'empêchera pas des tricheurs *d'essayer*.

Sans avoir pour vocation d'être ministre, ne vous faites pas attendre : accueillez *votre* équipe dans votre réunion comme si vous les receviez chez vous.
Soyez contents de les voir !

Regardez-les dans yeux avant même qu'ils ne vous voient !

Saluez-les en respectant le « *Code de Reconnaissance* » local, quel qu'il soit, avec franchise et dynamisme, mais avec un *respect* de l'autre évident : ne faites pas semblant !

Respectez leurs « *territoires* » : *territoires physiques* (bureau, vestiaires, espace de réunion…), mais aussi *territoires* de *pouvoir* et de *compétences*. Vous n'êtes ni omniprésent, ni omni compétent.

Soyez pro !

Manager n'est pas gérer ! – Nous y reviendrons.

Soyez positif, souriez, accueillez !
Chaque personne est importante : respectez-les toutes !

Soyez attentifs à vos propres émotions : elles sont respectables, mais elles peuvent trahir des évènements qui n'ont rien à voir avec l'instant, vos intentions, vos objectifs, et elles peuvent être (mal) interprétées.

Soyez attentifs aux autres : sans eux, vous n'existez pas !

À ces attitudes de principe, ajoutez quelques éléments supplémentaires : soyez pro ! Pour avoir le recul nécessaire, pour avoir la proximité nécessaire : soyez pro !

Votre professionnalisme se nourrit de techniques de management, alors apprenez-les, entrainez-vous, et utilisez-les à bon escient !

Ordonnance N°1 : Utiliser les outils de motivation du Manager...

Histoire N°3 : Un exemple vécu...

> *Histoire...*
>
> *J'ai été patron « de boite ». Au bout d'un an, je commençais à m'ennuyer. Mes cadres étaient compétents et géraient leurs équipes avec efficacité, et les résultats étaient honorables, même si les projets en cours étaient, faute de moyens propres, en dessous de nos envies et de nos ambitions.*
>
> *Un jour, par désœuvrement plus que par nécessité, je décide de « secouer le cocotier ».*
>
> *Alors que, quotidiennement, j'étais là avant tout le monde (bonne pratique pour travailler sans être dérangé) ce matin-là, j'arrive « tard ».*
>
> *Alors que mon « rituel » de neuf heures consistait à faire « la tournée des popotes » pour aller, en souriant, saluer chaque personne autour de la machine à café, ce matin-là, je fais la tête (☹), et vais m'enfermer dans mon bureau en claquant la porte.*

> *Jamais plus je n'ai recommencé, ni jamais plus ne le referai : ce jour-là, j'ai vu défiler dans mon bureau mes soixante salariés, un par un ! Alors que d'habitude ils résolvaient tous les problèmes sans moi, ce jour-là je suis devenu indispensable à tout : de la décision stratégique au changement d'ampoule dans un couloir.*
>
> *Pire, ce jour-là, nous avons dû faire appel deux fois aux pompiers pour des chutes dans un escalier et dans un couloir. Deux accidents du travail en un jour alors qu'il n'y en avait plus eu depuis mon arrivée.*
>
> *Ce jour-là – et je ne suis toujours pas bien fier de ce que j'ai fait, et il fallait que je raconte cette histoire –, j'ai compris l'importance de l'image permanente que le manager doit diffuser dans ses équipes : entre le « ☹ » et le « ☺ », il n'a pas vraiment le choix, quels que soient ses propres « états d'âme » !*
>
> *La « solitude du manager » n'est pas un vain mot…*

Décodage.

La *Solitude du décideur* n'est pas un vain mot…

Prendre ou obtenir le *Pouvoir* est une chose souvent facile : tellement de gens sont prêts à se raccrocher au moindre espoir, qu'ils vous confient les rênes... du management.
Certains ajoutent « *si vous le demandez poliment* » et d'autres « *si vous demandez aussi beaucoup d'argent comme preuve de vos compétences* »... Et d'autres encore... Les demandes symboliques sont multiples, mais ne sont que des paravents de principe.

Prendre le Pouvoir est facile, donc, mais le garder est une autre histoire...

Garder la motivation !

Le premier souci du Manager, c'est de maintenir sa propre motivation intacte. Les outils du Management (délégation, organisation, formation, motivation, reconnaissance, réseau...) sont si puissants que, bien utilisés, ils facilitent la vie du manager. Tôt ou tard, un « *bon* » manager se demande forcément comment faire pour... *ne pas* s'ennuyer.

Et c'est là que les soucis commencent.

Les *Stratèges*[5] vont se projeter dans l'avenir, et plonger dans des projets « *sur la comète* », réinventer le monde pour finalement modéliser sans fin des comportements micro-économiques aléatoires aussi fumeux qu'illusoires.

Les *Experts* vont se plonger dans la « *gestion* », et lisser inlassablement des courbes sur leurs tableaux à entrées multiples avant de faire jaillir victorieusement de leur imprimante des *camemberts* colorés et des *courbes* ondulant sensuellement, mais déprimantes. Ils finiront, à terme, par présenter à leurs équipes des projets démesurés dont la complexité « *d'usine à gaz* » sera justifiée... par les *camemberts* et les *courbes* produites auparavant.

Les « *pas bons* », eux – et ils sont légions... – sous prétexte de garder la forme, vont se précipiter sur leur sport favori en argumentant de leur besoin irrépressible de renouer avec leur « *réseau* ».
Vous les retrouverez, selon les modes, sur le cours de squash ou de tennis voisin, sur le practice de golf de la forêt régionale, ou dans une visite intéressée de la Médina de Marrakech – pour les quelques *Riads* qui

---

[5] « Startèges » et « experts » sont des éléments d'une grille de décodage des personnalités, mais ce serait trop long à détailler ici. Me consulter si vous souhaitez en savoir plus...

restent à vendre – ou de la *marina* du port de Tivat (Monténégro) – pour hésiter entre un yacht *bleu* de vingt-cinq mètres et un autre de vingt-huit mètres, mais *blanc*. Ils n'en ont pas les moyens, ni intellectuels ni financiers, mais l'important est de faire illusion, de créer et de conserver « *le buzz* ».

Trouver le juste équilibre…

Trouver le juste équilibre entre le présent et l'avenir est bien du ressort du Manager.
Trouver le bon équilibre revient à mesurer ses interventions dans le présent pour qu'elles aient une réelle utilité à l'avenir.

Un équilibre est toujours en voie… de déséquilibre ! « *Rétablir l'équilibre* » est une tâche de chaque instant qui nécessite du doigté, mais aussi de la stratégie.

Ne *pas assez* intervenir, c'est risquer le laisser-faire.
Trop intervenir, c'est risquer la provocation.
L'équilibre est un art difficile.

Peu ou prou, malheureusement, à cette première difficulté s'ajoute une autre complication : décider *pourquoi* intervenir !
Entre *intervention* et *interventionnisme*, il n'y a qu'un pas qu'il est toujours facile à franchir à

tous moments, et pour toute sorte de mauvaises « *bonnes raisons* » !

Je rencontre en coaching des patrons angoissés, énervés, hyperactifs, omniprésents. Leur souci vient du fait que, au fond, ils justifient leur existence dans l'agitation, et que le moindre silence devient, pour eux, angoissant à l'extrême. De l'appel téléphonique à l'arrivée des mails en passant par le « *toc-toc-toc* » à la porte pour une demande de rendez-vous, ils se gavent de *bruits*, de *fièvres*, jusqu'à la nausée.
Proches d'une forme particulière de dépression – et là le *Coach* est impuissant, ce n'est plus de son ressort – ils ne sont contents, heureux d'être et d'exister, que lorsqu'ils sont interrogés, questionnés, sollicités, sondés, appelés.

L'omnipatron : inefficace !
Nous avons vu l'effet d'un tel comportement sur *l'Opinion publique* dans un récent passage d'un certain *Président* au *pouvoir* : la formule n'est pas productive, repose uniquement sur deux épaules qui sont pourtant humaines, et *l'Opinion publique* se lasse.
Comme ils sont « *partout* », ils finissent par incommoder tout le monde, ne répondre

sérieusement à aucune question, puis s'isoler de tous avant d'être remerciés.

Un *Chef d'Entreprise* n'est pas – *dommage ?* – un *Président* vraiment élu : il préfèrera licencier ses équipes plutôt que d'affronter un vote, changer d'attitude, *passer la main*, ou même démissionner, s'il est lucide.

L'hésitant permanent : inefficace !
Mais nous l'avons vu aussi, à *trop* dialoguer, *trop* discuter, surtout à *trop gérer*, et non *manager*, le *Président* suivant a vu, « normal », se développer une image d'hésitant, d'indécis, d'irrésolu.

Le manager, homme d'équilibre, doit soigner et jouer avec son image.
De savantes études déclaraient au début de ce siècle que le moindre cadre, dans la moindre entreprise, devait passer près de cinquante pour cent de son temps à entretenir son image et expliquer ce qu'il faisait et pourquoi il le faisait, sous peine de « *disparaître* », de devenir transparent à ses propres équipes et à sa propre entreprise.

La crise de gouvernance : une crise de management !

Dans les entreprises des plus obstinées et médiatiques comme des plus discrètes, les signes de la crise de gouvernance sont bien connus : ils rejoignent ceux du « *syndrome de la patte molle* ». Le premier d'entre eux correspondant à un turn-over généralement important.

Avec un « *chef invisible* », la sécurité et la sureté ne sont pas totalement assurées, car, si tout se gère, rien n'a d'importance.

Avec un « *omnichef* », au contraire, ces éléments prennent une place démesurée, car chaque détail ayant une importance disproportionnée, chaque problème aura besoin de « *l'Avis du Patron* » pour trouver une solution.

Avec le « *chef invisible* », le découragement est d'abord moral, puis physique. Les subordonnés sont proches de l'épuisement, mais par ennui, manque de perspective, manque de direction.
Les résultats opérationnels sont médiocres par manque d'enthousiasme. Avec la prise de conscience du manque d'efficacité, les

regards deviennent fuyants, et les anciennes alliances se dissolvent dans les trahisons, les retournements de « *veste* », et les abandons.

Avec « *l'omnichef* », l'épuisement est d'abord physique, puis moral. Les subordonnés, quand ils osent parler, se plaignent « *des ordres et des contrordres* » permanents, du « *manque de marge de manœuvre* », de « *l'impossibilité de prendre des initiatives* », et en fin de compte, du « *manque de réactivité décisionnelle* » devant un évènement, et du « *manque de continuité de l'action* », du « *manque de perspectives de développement* ». Les « *visions du patron* » sont jugées « *parfois intéressantes, mais souvent peu crédibles* », et surtout « *peu adaptées au terrain* ». « *Réactives* », mais pas « *actives* » !
Pour finir, la peur marque les visages comme symptôme de l'arbitraire des traitements individuels. Les résultats opérationnels ont une tendance au mieux à la stagnation, au pire à la baisse, et, quand ils sont bons, ils laissent généralement derrière eux une politique de « *terre brûlée* » dans les ressources humaines de l'entreprise.

Ces symptômes préparent, même sous le couvert d'une « *poigne de fer* », ou d'un

« *sourire bon enfant* », la contamination de l'équipe dirigeante par le « *Syndrome de la Patte Molle* », entrainant une inefficacité chronique du *chef*.

Car le problème réside dans le *besoin* et sa satisfaction : nous sommes au XXIe siècle, et nous avons plus *besoin* de *managers* que de *chefs*.

Ordonnance N°2 : Passer du Chef au Manager

Soyons clairs : le *Chef* a son utilité ! Sa nécessité, parfois !
Mais pas tout le temps…

Pourtant, l'image du « *Chef d'Entreprise* » se nourrit d'une mythologie qui tient de la Conquête de l'Ouest et des grands « *business plan* » américains des siècles passés.

De son côté, l'*Entreprise* elle-même est encore un mythe, autant qu'une réalité, oscillant du tragique à l'héroïque !
Ses structures, organisationnelles et sociales, commencent pourtant à dater : les premières révolutions industrielles au XVIIIe et XIXe siècle ont laissé des traces qui ont du mal à se dissoudre, de crise en crise, dans les besoins de la production moderne du XXIe siècle.

Il serait pourtant grand temps d'inventer de nouvelles formes de rapports humains au sein de l'entreprise !

Les spécificités françaises

Pour ajouter une difficulté, culturellement et historiquement, les Français ont, depuis la Révolution de 1789, joué à la guerre civile avec leurs propres valeurs.

Si le *peuple* a pris la Bastille, coupé la tête du roi, c'est la bourgeoisie, tour à tour industrielle, financière ou terrienne, patrimoniale, qui dirige la France depuis plus de deux siècles.

Tous ces évènements contradictoires marquent les esprits et les mentalités.
De fait, les « *Français* », si nous pouvons les caractériser, trouvent le *changement*, « *dangereux* », le *travail* « *aliénant* », et ils confondent *service* avec « *servitude* ».

Ils *déifient* le *Chef*, de toute façon, mais selon des valeurs *ajustables* : « *révolutionnaires* » puis « *napoléoniennes* », « *pétainistes* » puis « *gaulliennes* », « *sarkoziste* » puis « *hollandiste* », etc.

L'innovation est pour eux semblable à un *caprice* ou à un *défi* très *olympique* : l'important, est de *participer* et de *jouir* du *plaisir* de la découverte ! Du coup, *émotifs*, ils sont *créateurs*, mais laissent généralement les

Anglo-saxons, les Japonais et les Chinois, plus pragmatiques, tirer les bénéfices de leurs découvertes...

Le « *manager* » français est à l'image de la société française, elle-même à l'image des origines mêlées de sa population : un *terrien sédentaire*, petit fils ou arrière-petit-fils d'un paysan qui a fait fructifier la terre ou la « *robe* », avec ici ou là des traces de nomades – parfois colonialiste – à l'identité composite.

Un peu *idéaliste*, sinon *naïf*, il peut être *créatif* tout en *résistant* au changement ; *galant* jusqu'à en être *niais*, il peut évoluer en *macho sexiste* ; *enthousiaste* si nécessaire jusqu'à la *victoire*, il peut se cogner la tête des heures durant sur des valeurs désuètes ou des convictions surannées, mais bloquantes !

En cas de crise, s'il ne comprend pas les changements qui s'opèrent *autour* de lui, et non *avec* lui, s'il n'est pas bien *armé* pour cela, il peut donc facilement être tenté de redevenir « *Chef* », jusqu'à la *bêtise* infantile. Un retour facile à des valeurs de base très primaires, mais qui peuvent s'avérer temporairement efficaces...

Or, « *le chef* » n'est qu'un des rôles dirigeants qu'il nous est possible d'endosser dans nos fonctions… de *manager*. De plus, pour primaire qu'il semble, ce rôle peut être joué de manières extrêmement différentes et pour des motivations différentes.

Histoire N° 4 : la promotion…

> *Histoire…*
>
> *Michel a été nommé « Agent de Maîtrise » il y a moins de trois mois, et déjà il n'en peut plus !*
> *Depuis dix ans, il intervenait au « Secteur Ouest » en « brigade ». Il connaissait toutes les astuces du métier, et il se considérait comme un bon ouvrier spécialisé. Ses collègues l'aimaient bien, et c'était réciproque. Ils avaient ensemble surmonté de nombreuses crises, des incidents de production aux accidents mortels des années 90, des négociations houleuses aux grèves massives, lors des premières restructurations des années 2005.*
> *« Ils avaient ensemble » : c'est du passé, tout ça… Quand Étienne, l'ancien contremaître, a officiellement annoncé son départ en retraite, anticipée, Michel a été convoqué dans le bureau de l'Ingénieur. Celui-ci lui a*

appris qu'Étienne l'avait désigné comme son successeur. Avec ses trente-deux ans, l'Ingénieur, qui n'était pas plus vieux que lui, considérait aussi que Michel « était un bon choix ».

Obtenir une promotion alors que les salaires étaient bloqués depuis des années, Michel ne pouvait pas vraiment refuser : avec dix ans d'ancienneté, il gagnait tout juste un peu plus que deux mille cinq cent euros nets, et depuis le passage à l'Euro, justement, les prix avaient tendance à augmenter. Loyer, gaz, transports, essence, nourriture, tout devenait une épreuve. Sylvianne, sa femme, faisait des miracles, mais même avec son salaire à elle, une fois le loyer et la crèche des deux enfants payés, il était difficile de finir le mois sans être dans le rouge à la banque.

Et puis le sourire de l'Ingénieur, comme ses paroles, était réconfortant.

« *Vous êtes un bon ouvrier, et vous ferez un bon Agent de Maîtrise. Étienne respectait votre avis, et je vous ai un peu observé : vos collègues vous écoutent. Bien sûr, dans cette histoire, il y a des anciens qui vont vous en vouloir un peu, mais c'est dans l'air du temps, et ils grognent toujours, de toute façon ! Ne vous laissez pas faire : je vous soutiendrai le temps que cela se tasse. Montrez que vous êtes un Chef, et ils rentreront dans les rangs ! »*

« Paroles, paroles... » : cela ne s'était pas vraiment « bien passé »...
Les anciens lui sont immédiatement « tombés dessus » !
Ils lui ont d'abord fait la tête, crachant plus ou moins silencieusement sur son passage : ils se sentaient plus en droit que lui, à l'ancienneté, de devenir Chef de l'équipe.
Puis sont venues les insultes : ils lui ont demandé « ce que cela faisait de coucher avec un ingénieur », et autres « fayot », « lécheur de bottes »...
Et comme il n'abandonnait toujours pas, sont venues les menaces, accompagnées de passage à l'acte : casier défoncé, vêtements souillés, rayures sur sa voiture, puis, pour finir, deux pneus crevés.

Face aux insultes, il avait tenu bon. Puisqu'ils voulaient qu'il montre de quoi il était capable, « ils allaient voir ce qu'ils allaient voir ! » Fini les plaisanteries partagées, il se surprit à donner des ordres et à attendre qu'ils soient exécutés rapidement et sans discuter.
Mais quand, un mois plus tard, il avait été voir l'Ingénieur pour lui

demander de sanctionner un ancien qui avait « poussé le bouchon » jusqu'à l'humiliation, il était tombé de haut : celui-ci l'avait regardé avec curiosité et effroi...

« Vous vous rendez compte de ce que vous me demandez ? Louis est l'un des leaders du syndicat ! Il n'est pas délégué, mais il est dans tous les mauvais coups ! C'est quoi, cette histoire ? Vous voulez provoquer une grève générale ? Je comprends qu'il ne soit pas facile de devenir le chef de ses anciens collègues, mais, quand même, j'attendais autre chose de vous ! Et d'ailleurs, si je regarde les chiffres, votre équipe n'est pas au top ! Regardez le mois dernier : douze incidents de production chez vous contre deux pour les autres équipes réunies ! Et une baisse de productivité de deux points ! Il faut vous ressaisir, mon petit ! Nous ne vous avons pas nommé patron de cette équipe pour rien : ne nous décevez pas ! »

Le « petit » était tombé de haut... Il était seul, très seul, face « aux autres ».

Après un moment d'abattement, il s'était demandé comment Étienne, son prédécesseur, s'était sorti d'une telle situation. Il alla le voir, et autour d'un verre de pastis le fit parler.

Mais cette conversation ne lui fit aucun bien : son vieil ami avait pris un

« coup de vieux », après sa « mise à l'écart », comme il disait. Et ce qu'il raconta lui parût bien étrange : son mentor avait une version des choses qui le montrait sous des auspices bien différents que ce dont il se souvenait.

Étienne, en fait, avait joué en permanence, et pendant des années, avec des « carottes » et des « bâtons » que Michel ne possédait pas. En dix ans, seulement deux gars de son équipe avaient été sanctionnés, et la hiérarchie l'avait suivi.

Il lui avait aussi avoué avoir passé un temps fou en « palabres » parallèles, en négociation, en cajoleries et suppliques, sans compter les inévitables « tournées d'apéros » du soir et du week-end. Autant certains délégués syndicaux étaient des interlocuteurs constructifs, autant certaines « éminences grises », comme l'ancien que Michel voulait voir sanctionné, avaient un pouvoir de nuisance incomparable.

Ne sachant toujours pas comment s'y prendre, il décida de serrer les poings et de ne pas tomber dans les mêmes compromis humiliants qu'Étienne. Il n'allait pas investir sa paye dans des beuveries sans fin : il y laisserait sa santé, finirait par devenir aussi aigri que les anciens, et pour finir, Sylvianne ne le lui pardonnerait pas...

Son ton se durcit encore : il s'enferma dans le « Bureau de la Maîtrise » pour n'en sortir qu'en expéditions hurlantes organisées autour de contrôles pointilleux, ou à la demande expresse d'un gars en grande difficulté.

Mais la conséquence de cette nouvelle attitude avait été la multiplication des incidents, et il avait beau mettre les anciens en difficulté, le nez dans leurs erreurs, ils n'avançaient pas.
Jusqu'à l'incident avec Louis, l'ancien.
Demander de l'aide à l'Ingénieur avait bien été la dernière chose à faire : les deux pneus crevés en furent la conséquence logique.

Mais ce fut « la goutte qui fit déborder le vase ». D'abord parce que, deux pneus, cela coûte cher. Ensuite parce que le parking était une zone extérieure à l'atelier. Ce serait quoi, la prochaine fois ? « Ils » s'attaqueraient à sa famille ?
Sa voiture dépannée, il alla porter plainte à la police qui ne lui laissa que peu d'espoir de la voir aboutir, mais il

> *s'en moquait, c'était « pour le principe ».*
>
> *Ce soir-là, il dina tranquillement et joua avec ses enfants avant de les coucher.*
>
> *Quand il entama son quart de nuit, il récupéra les consignes comme d'habitude, puis donna des ordres précis à ses collègues, et s'enferma dans son bureau.*
>
> *Il rédigea une lettre pour l'Ingénieur, et une autre pour le Directeur de l'usine. Il sortit un instant du bureau pour mettre ses lettres dans la bannette du courrier départ, puis rentra, ferma soigneusement la porte, et sortit de son sac de sport le vieux fusil de chasse de son père.*
>
> *Quand le coup de feu éclata, ce matin-là, il était trop tard pour tout…*

Décodage

Cette histoire ne se veut pas exemplaire sur le suicide en entreprise, ni sur le stress et le harcèlement qui ont conduit à cette tragédie. Restons ici dans les domaines des valeurs et des organisations : c'est elles qui vont conduire cette entreprise à l'échec.

Car, arrêtons les hypocrisies, la mort d'un homme *dans* l'*Entreprise*, à cause de la structure dépassée de *l'Entreprise*, est un échec de *toute* l'*Entreprise* elle-même !

Il y a dans cette histoire une *faute* manifeste de management.
Non de « *l'Ingénieur* » seul – devenu chef, non par compétence managériale, mais par compétence d'ingénierie –, mais *faute* de *toute* la *Chaîne* de management.

Et en premier, par une définition du *Manager* totalement insuffisante et inadaptée.

Un système dépassé !

« *Michel* » était un bon ouvrier, reconnu pour ses compétences techniques. Et comme un peu partout en France, ce sont ces compétences *techniques* qui lui permettent de progresser et de devenir *Chef* de son équipe.

Une structure impuissante et des valeurs obsolètes !

Nous voici typiquement dans une structure *létale* « *à la Française* », où l'on considère, « *bonne chose* », *naturelle*, qu'un *bon* ouvrier *doive* progresser hiérarchiquement, et dans sa rémunération, jusqu'à devenir « *chef* » ! Où l'on considère qu'un *bon* technicien, reconnu comme tel par ses pairs, sera *forcément*, *naturellement*, presque *mécaniquement* un *bon Chef*, et plus encore, un *bon Manager* !

Nous sommes là dans la « *pensée magique* », celle des enfants et des adolescents prépubères. Une pensée magique qui « *oublie* » de prendre le temps d'analyser la situation objectivement.

Un mélange délétère à la logique détonante !

Dans cette logique immature, quatre *systèmes* binaires de valeurs se sont mélangés. Quatre *couples* qui semblent bien s'entendre, à première vue, mais dont le dosage habituel, mal mélangé, a des conséquences funestes sur l'organisation :

1. La *reconnaissance* du travail bien fait *et* la *progression hiérarchique*.
2. La progression *hiérarchique et* la progression des *revenus*.
3. Le nécessaire charisme du *Chef et* la nécessaire compétence du *Manager*.
4. Les besoins de reconnaissance *technique* et les besoins *managériaux*.

Avec un mauvais dosage d'ingrédients frelatés, la « *sauce salade* » la plus simple ne peut avoir que mauvais goût.
Reprenons ces éléments.

Un ensemble de systèmes négationnistes !

Les deux premiers binômes, reconnaissance/progression, et progression hiérarchique et des revenus, *nient* un élément essentiel à la production : la *compétence* de ses acteurs !

Les deux suivants *nient* un autre élément essentiel à la production : *manager* répond à des besoins nouveaux des personnes et nécessite la maitrise de *techniques spécifiques*.

Mais la prise de pouvoir agressive des actionnaires, dans ce début de siècle, a réduit la notion des « *besoins* » humains à des « *variables d'ajustement* » qu'il est sans doute plus facile de « *délocaliser* » que de régler.

Redéfinir la compétence !

La *compétence* ? Qu'est-ce qu'être *compétent* ?

« *Celui-là est compétent, c'est évident !* »

C'est ce que l'on entend souvent, mais, sous le masque d'une expression quotidienne, la réalité n'est pas si simple, car la compétence ne peut se définir à la seule possession de diplômes.

Un diplôme représente une étape dans les Savoirs. Mais comme « *science sans conscience n'est que ruine de l'âme* », il nous faut aller plus loin...

Quant à l'ancienneté...

À elle seule, elle ne peut définir la compétence. L'un des reproches que l'on entend le plus souvent dans les entreprises vis-à-vis des seniors, outre leurs salaires « *élevés* », c'est qu'ils sont « *immobiles* », qu'ils n'évoluent plus... Or, la capacité d'adaptation au changement est l'un des éléments secondaires de la compétence.

Les trois marqueurs principaux de la compétence

La *compétence* apparaît tout d'abord au travers de signes plus ou moins ambigus dont il faut prendre le temps de décortiquer les mécanismes. Trois éléments se détachent plus particulièrement du brouillard d'informations parfois ténues qui tend à la dissimuler.

Premier marqueur : l'autonomie.

Le premier marqueur qui établit sa présence est l'*autonomie*.

Encore ne faut-il pas confondre *autonomie* et *isolement*.

Si l'autonomie est signe de maturité, *l'isolement* est pathogène.

Mais en même temps, dans une organisation prédatrice, agressive et/ou inquisitrice, la pérennité professionnelle passe souvent par un isolement de type « *faire le dos rond pour laisser passer l'orage* » ou « *devenir transparent* ».

Dans ces structures autocratiques, parfois tyranniques, *ne pas* se faire remarquer *du Chef* est un élément essentiel de survie. « *Survivre* », de restructuration en réduction d'effectifs, devient une réelle compétence.

Nous voyons les effets délétères de cette contradiction lors de la transmission de ces entreprises ou, plus généralement, lors d'un changement de ses dirigeants.

Le repreneur doit résoudre un problème préalable : pour changer l'organisation, il doit mesurer les *véritables* compétences de l'entreprise pour pouvoir s'appuyer sur elles. Ce qu'il a pu en percevoir derrière l'effet d'esbroufe – de *communication* – de son prédécesseur est-il le reflet de la réalité, ou le rideau de fumée qui cache la misère d'une organisation étouffée et réduite au silence ?

Deuxième marqueur : la « survie professionnelle »

Avec *l'autonomie*, cette notion de *survie professionnelle* est donc notre deuxième point clé marqueur de la *compétence*.

Tout en considérant, là encore, qu'il est nécessaire de faire la différence, en fonction

du milieu et du contexte, entre *prudence*, *adaptation*, et... stratégies de *fuite* !
Le pourcentage de seniors dans l'entreprise est un marqueur potentiel de compétences. Leur absence aussi.
Mais ce n'est pas une garantie absolue...

Si la présence de seniors dans l'entreprise apparait donc comme un signe de compétences, c'est indépendamment de l'essence même de l'entreprise et de ses objectifs. Les startups et les jeunes entreprises souffrent trop souvent de leur absence.

La démarche traditionnelle des DRH vers un « *équilibre harmonieux de la pyramide des âges* » retrouve ici une nouvelle... jeunesse. En retour, méfiez-vous d'une entreprise qui se gargarise de la « *jeunesse* » de ses effectifs : le « *jeunisme* » n'est ni un critère de compétences, ni un critère d'enthousiasme, ni un critère d'efficacité.

Les ambiguïtés de ces marqueurs font de l'analyse de la compétence un art subtil et difficile. Par exemple, pour être *autonome*, il est bien souvent nécessaire d'être plus ou moins *polyvalent*.

Mais là encore, si la *polyvalence* est un sous-marqueur intéressant de *l'autonomie*, elle peut être aussi le signe d'une désorganisation chronique de la structure due à une réduction trop importante... des compétences au sein de l'entreprise, et des effectifs.

Troisième marqueur : des « moteurs » de l'action collective

Pour finir, « *faire le dos rond* » n'empêche pas – et c'est l'un des éléments de notre troisième marqueur – d'être ce que la mode entrepreneuriale appelle « *proactif* ».
C'est-à-dire, être actif par soi-même avant qu'un « *petit chef* » nous en *donne l'ordre* ou nous *rappelle à l'ordre*.

Ceci, bien entendu ne peut exister dans une organisation où, justement, existent et survivent les « *petits chefs* », où l'initiative n'est pas permise, où le territoire de pouvoir de chacun est si étroit qu'il est impossible de prendre la moindre décision.
Alors, ici encore, nous analyserons ce marqueur en fonction du contexte.

Mais avant cela encore, plutôt que *proactif*, nous reprendrons la vieille notion de dynamique de groupe qui préfère le terme de « *moteur* » à celui de *proactif*.

Un « *moteur* », dans une équipe ou un groupe, est à la fois leader, facilitateur, organisateur, et décisionnaire d'objectifs opérationnels à court ou moyen terme dans un domaine précis (communication, organisation, régulation, production…) dont le groupe a besoin. Ce « *moteur* » n'est pas forcément le Chef, puisque ce dernier peut avoir été nommé sur des critères totalement étrangers à la notion de compétences ou même de *leadership*.

Mais ici encore, nous allons pondérer notre enthousiasme simplificateur : la dynamique des groupes nous apprend aussi que, dans certains types de groupes, nous avons besoin de « *régulateurs* » pour que les « *moteurs* » puissent fonctionner, et même simplement exister.
Ce n'est pas parce que les choses semblent *simples* qu'elles sont nécessairement *simplistes*.

Au-delà de ces trois marqueurs de la compétence – *autonomie, survie professionnelle personnelle, moteur de l'action collective* –, nous n'avons toujours pas défini la *compétence*.

La « *compétence* » : 3 marqueurs et 4 éléments.

À bien regarder, sous l'éclairage du consultant, elle se définit comme un ensemble dynamique et cohérent, mais évolutif, de ces trois marqueurs, et surtout de quatre éléments essentiels :

Des Savoirs identifiés :

« *Je suis compétent parce que je connais les éléments nécessaires à mon action consciente sur mon environnement* ».

Des Savoir-Faire conscients :

« *Je suis compétent parce que je sais ce que je fais, comment je le fais, dans quelles limites, et pourquoi je le fais ainsi* ».

Des Savoir-Être adaptés :

« *Je suis compétent parce que mes comportements sont volontairement adaptés à la situation* ».

« *Je suis fier de mes compétences, mais je sais aussi quelles sont leurs limites, tant dans les domaines de mes Savoirs que de mes Savoir-Faire. Je sais donc que je dois apprendre encore, en permanence, et je reste attentif, en permanence, à rester ouvert, à l'écoute des autres et des modifications de mon environnement* ».

Des expériences « digérées » :

« Je suis compétent parce que mon ancienneté dans l'action m'a conduit à me confronter à des situations toujours nouvelles, parfois compliquées, et que, pour un dénouement positif ou non, j'en ai tiré des enseignements pratiques potentiellement adaptables à ma situation actuelle ».

Réduire la « masse salariale », c'est réduire les compétences !

L'obligatoire « *expérience digérée* » constituante de la compétence rentre en conflit avec les pratiques relativement nouvelles de « *réduction de la masse salariale* » : nombre d'entreprises ont perdu leur « *mémoire* » humaine, vivante, par le départ, plus ou moins volontaire, de ses décideurs, à tous les niveaux.

Les « *jeunes* » qui les ont remplacés sont moins bien payés, mais motivés par la nouveauté, souvent mieux formés et diplômés que leurs prédécesseurs.

Malheureusement, ils sont, au départ, de toute façon moins compétents, puisque moins expérimentés. Ils doivent... réinventer les erreurs des anciens pour pouvoir progresser et faire progresser l'entreprise.

Quelle perte de temps, d'énergie, de productivité, d'efficacité, et de qualité !

L'interdiction française du « droit à l'erreur »
Le « *droit à l'erreur* », à l'expérimentation, au tâtonnement, rentre aussi en conflit avec les pratiques nationales traditionnelles de « *marquage* », auprès de la Banque de France, des entrepreneurs français « *ayant faillis* » (ayant subis un dépôt de bilan, par exemple).

Le fichier a été officiellement supprimé en 2013, mais en attendant, en niant le droit à la progression, à l'expérimentation, il a fait des dégâts considérables et parfois irréparables sur la compétence de nos entrepreneurs, et de nos entreprises, le « *hâbleur bien looké* » et « *bien pensant* » prenant trop souvent le pas sur la compétence.

Dans l'histoire qui illustre le début de ce chapitre, ce n'est pas « *Louis* », l'ancien, négatif et aigri, qui a été placé en « *retraite anticipée* », mais « *Étienne* », « *l'AM* » dont le salaire « *pesait* » sur la « *masse salariale* ». Et « *Louis* » doit aller voir « *Étienne* » pour comprendre certains comportements de ses collègues.

La préoccupation « *de l'Entreprise* », pour cette décision, n'était pas axée sur le transfert, ou simplement le maintien des compétences à moyen ou à long terme, mais sur des choix budgétaires à très court terme.

Compétence et incompétence

Pour en finir avec ces notions, je reviens sur la notion *d'évolution* de la compétence. Il est important de le resituer dans son contexte : quelqu'un de compétent dans un domaine peut s'avérer totalement incompétent dans un autre : par manque d'expérience, notamment.
Tout changement, toute promotion, devrait donc naturellement s'accompagner d'une formation adaptée à la prise de fonction, généraliste pour travailler sur les savoirs, ou personnalisée par un accompagnement adapté, de type tutorat ou parrainage, pour travailler sur les savoir-faire et les savoir-être.

Dans la pratique, nous sommes très loin de cela : « félicitations, vous êtes nommé, débrouillez-vous ! »

Pour résumer : les 3 marqueurs (+/-) de la compétence

Les marqueurs	Les points d'attention
L'autonomie (+)	L'isolement (-) Intérêt individuel (+/-) ou collectif (+/-) centré sur l'entreprise (+)
Survie professionnelle (+/-)	La structure de l'entreprise (-) Attitudes de fuite (-) Réflexes de survie (+) Polyvalence (+/-)
Individu moteur de l'action (+)	Territoire de pouvoir (+/-)

Pour résumer : les 4 éléments de la compétence

Les quatre éléments de la compétence	Les clés
Savoirs	Adaptés à la situation En évolution Balisés : je sais ce que je sais, et je sais que je ne sais pas tout !
Savoir-Faire	Adaptés à la situation En évolution. Balisés : je sais ce que je sais et doit faire, et comment.

Savoir-Être	Les bons comportements adaptés à la situation En évolution Balisés : je sais que j'ai à apprendre des autres, et je sais communiquer.
Expérience « digérée »	Source d'actions et de réactions sans nostalgie Nécessite un « *débriefing* » suivi d'un plan d'action individuel pour s'ancrer dans les pratiques.

Manager c'est un besoin, et une technique en soi !

Le *besoin* de management, en France est apparu dans les entreprises avec la quintuple conjonction de :
- la fin de la Guerre Froide,
- des premières réductions d'effectifs conséquentes aux restructurations industrielles de la toute fin du XXe siècle,
- de la double crise de confiance née du « *bug de l'an 2000* » et des attentats du 11 septembre 2001,
- et pour finir de la crise sociale française provoquée par l'accélération de la

« *mondialisation* » dans la première décennie de ce siècle.
L'élément commun à ces différents évènements est le *changement*, imposé aux populations par l'Histoire avec un grand « H ».
La *gestion du changement*, c'est l'apanage du Manager : il *donne du sens* quand le Chef obéit et le Leader réagit.

Un besoin fort.
De crise en crise, les Français ont collectivement perdu tout à la fois de leur *morgue,* et de leur *confiance en soi*.
La « morgue » était liée au « *Syndrome du village gaulois* », la confiance en soi, à leur créativité, issue de leur culture, ce que dans les entreprises, au niveau ouvrier, on appelle leur « *débrouillardise* ».

Cette perte est cruellement ressentie face à un monde qui apparait dur, cruel, et surtout, *fort* : osez vous opposer à l'un des grands pays de ce monde, et vous verrez débarquez ses espions, ses commandos, ses « *grandes oreilles* », ses drones, ses missiles, son aviation et finalement ses armées !
Sans parler de ses millions : en 2012, l'un des grands crus français de Bourgogne était à vendre. Les vignerons d'alentours se cotisèrent et mirent cinq millions d'euros sur la

table. Mais les Chinois renchérirent à huit millions. La cause était entendue : la France est pauvre, pauvre de la perte de ses propres symboles bradés aux plus offrants... Comme la Grèce...

La « *pauvreté française* » apparaît chaque année dans sa dette, mais aussi dans la balance des paiements d'import-export : un Airbus de plus ou moins fait toute la différence. Mais qu'est-ce qu'un avion de plus ou moins pour des flottes privées qui en comptent des centaines et sont capables d'en acheter des centaines ?

Qui décide ?

De la même façon, dans l'entreprise, la décision n'appartient plus au « *dirigeant* » : celui qui *dirige*, c'est celui qui *possède*.
Et celui qui possède a, selon la formule consacrée, « *ses raisons que la raison ignore* ».

L'une des conséquences du 11 septembre 2001 fut que, partout dans le monde, les actionnaires, conscients de la fragilité de leurs possessions, conscients de la « *lenteur* » de la valorisation des biens entrepreneuriaux, prirent le pouvoir dans les entreprises.

Directement, brutalement, en chassant bien souvent les *gestionnaires*.

Mais être un *bon* actionnaire, efficace, compétent, ne veut pas forcément dire que l'on est un *bon* gestionnaire, efficace, compétent, et encore moins un *bon* manager, efficace, compétent...

Ici encore, la notion de compétence a été mise à mal, niée, bafouée.
Les intérêts, les objectifs et les compétences des uns ne sont pas ceux des autres.

Les cadres n'ont plus aucun pouvoir...
Je me rappelle, vers 2007, un cadre d'un groupe industriel récemment racheté par une entreprise italienne venir se plaindre à moi qu'un « *actionnaire* » – qu'il ne connaissait pas – lui avait demandé de « *s'expliquer* », au téléphone et « *depuis l'Italie* », sur le fait qu'il avait « *donné une prime à Madame X et non à Monsieur Y* ».
Envoyant *l'importun* au *Diable*, ce dernier était réapparu quelques minutes plus tard sous la forme de la DRH affolée qui lui demandait de bien vouloir rappeler « *dans l'instant* » son interlocuteur et de bien vouloir « *répondre à ses questions sans discuter* ».

Ce cadre n'était plus maître de ses décisions au sein de son propre service, de sa propre équipe, et la direction française, achetée avec les meubles et les immeubles, n'y pouvait plus rien non plus.

Donner du sens.

Ce cadre est donc venu me voir, moi, consultant extérieur au groupe et son *coach*, pour tenter de *comprendre*. Pour lui, cette intervention n'avait *aucun sens*, et il me demandait de *donner du sens*.

J'ai fait alors un travail de *manager* – ce qui prouve, par défaut, qu'il lui manquait une écoute managériale dans ses pratiques professionnelles. Sa DRH lui avait donné un *ordre*, sans lui expliquer le pourquoi des choses. Elle avait assumé un rôle de *Chef*, il avait obéi, mais il avait toujours *besoin* d'un manager.

Dans sa relation à l'autre, le manager a donc une première tâche à assumer : *donner du sens* !

Le besoin de managers !

Ce besoin de *manager* – de sens – se retrouve à tous les niveaux de la société : du passager du train qui exige de comprendre les causes de la panne, à l'ingénieur qui quitte son entreprise par manque de sens des stratégies de changement, et finit par quitter son pays pour les mêmes raisons.

Ce que l'on appelle « *le zapping des jeunes cadres* » a pour raison principale la perte du sens managérial : comment faire confiance à un *chef* – et donc à l'entreprise toute entière – qui ne sait pas lui-même *pourquoi* il faut faire les choses d'une certaine manière plutôt que d'une autre ?

Développer les managers de proximité

Ballotté de crise en crise, de restructurations en restrictions budgétaires, le *cadre* – notion très *franco-française*, presque « *franchouillarde* » – a lui aussi de plus en plus besoin de *sens*.

Comme c'est « *l'actionnaire* » qui décide de tout, notre cadre ne peut jouer son rôle de *manager de proximité* : il reste *chef*, mais un *chef*, qui plus est, sans pouvoir.

La baguette magique du tableau à entrées multiples !

Courroie de transmission entre le décideur et la production, il va de plus en plus se contenter de répondre aux questions de ses supérieurs (eux-mêmes confrontés à la même problématique), et pour cela, disposera d'un outil extraordinaire, presque *magique* : le *tableau de données à entrées multiples*...

Entre l'agent de maîtrise et le cadre, entre le cadre et ses supérieurs, entre les « *staffs* » et les actionnaires, des « *tableaux de bord* », et en retour, des *ordres*, symboles expressifs du *Chef*, mais contraignants et contre-productifs : « *Remplis tes tableaux de bord !* »

La disparition programmée des cadres

En passant, son rôle se réduisant à l'alimentation de données, le « *cadre* » va progressivement disparaître de l'organigramme de l'entreprise. Une bonne assistante de direction, bien formée, est capable – sans doute mieux et pour moins cher, si vous y songez – d'aligner des chiffres dans des petites cases.

De fait, comme consultant et formateur, je rencontre de plus en plus de structures industrielles où l'arborescence est réduite à trois niveaux indispensables : un « *directeur* », des Agents de Maîtrise (AM), et des ouvriers.

Parfois, un quatrième niveau vient se greffer, plus ou moins heureusement aux trois premiers, celui des *commerciaux*, mal nécessaire – mais personnels interchangeables –, puisqu'il faut bien vendre ce que l'on produit, pour faire des profits.

Les structures à quatre niveaux se justifient aussi par des besoins de coordination de « *secteur* » ou de « *région* », et se cristallisent autour d'un « *directeur régional* », souvent ingénieur ou parfois technicien supérieur, parfois commercial.

Ici encore, les limites de la structure se dévoilent par les besoins qu'elles génèrent, et notamment les besoins en management et en formation management.

C'est au niveau des *AM*, les *Agents de Maîtrise*, les chefs d'équipes, que les demandes deviennent pressantes : étant les seuls interlocuteurs du quotidien des ouvriers, les seuls aussi à se confronter à la production, ils ne peuvent se contenter d'être « *Chefs* » d'équipes. Ils deviennent des « *managers de proximité* », les seuls à disposition des équipes de production.

Souffrir du manque de reconnaissance au travail

Comme ces structures très *resserrées* ont besoin de la *polyvalence* de chacun, elles souffrent ici aussi du manque de *reconnaissance des compétences*.

La *polyvalence* ? Ne serait-ce pas, comme l'*autonomie*, un signe de *compétences* ?

L'ouvrier, comme l'AM ou l'ingénieur, peuvent très bien avoir à jouer, en contact clients, des rôles commerciaux, de chefs de projets ou d'innovateurs-chercheurs.

L'Agent de Maitrise manager ?

Ce sont des rôles nouveaux, pour lesquels, bien souvent, ils ne sont ni préparés, ni formés.

Ils souffrent, car voilà : dans la France de ce début de XXIe siècle, un ouvrier est toujours un ouvrier, et s'il peut évoluer de temps à autre vers un poste d'AM, il n'y en aura pas pour tout le monde. Ses nouveaux rôles – commerciaux et d'ingénierie – ne seront donc pas reconnus.

Tout juste reçoivent-ils un simple « *merci* » à leurs efforts…

Il est à noter que « *l'ingénieur* » de notre histoire souffre tout autant que l'ouvrier dans ce système négationniste : sa compétence est dans ses Savoirs, Savoir-Faire, Savoir-Être et expériences d'ingénieur, pas dans ses *fonctions* de *cadre* ou de *directeur*.

Mais parce qu'il était ingénieur *compétent*, « *l'ingénieur* » est devenu « *chef* », ou « *directeur* ».

Il a vite découvert que ces rôles consistent d'abord à satisfaire les demandes pressantes des *actionnaires* en matière de « *tableaux de bord* » et de gestion financière, et aussi de se prendre, en pleine face, les demandes concrètes des ouvriers de production.

Formé à la *conduite de projet*, il n'a pas été formé au *management*.
D'ingénieur *compétent*, il peut être devenu directeur *incompétent*.
Le « *Principe de Peters* », mais initié, non par les personnes, mais par la structure, l'organisation elle-même.

Mais bien sûr, cela n'existe pas « *chez nous* », ce genre de situation… Aucun ingénieur, « *chez nous* », ne se plaint d'avoir des responsabilités hiérarchiques qu'il n'a pas les moyens d'assumer…

Peut-être… Mais historiquement, *l'ingénieur-chef* présent aujourd'hui est le *combientième* de la longue liste des *Chefs* qui se sont succédé à la tête de cette unité ? Ses prédécesseurs ont trouvé du travail ailleurs ? Souvent à l'étranger ?

Ou a contrario, si le « *chef* » n'a pas « *bougé* » depuis longtemps, quel est le taux de turn-over de ses équipes ?
Et pourquoi le taux de productivité de ces mêmes équipes ne progresse-t-il pas au même rythme que les autres ?

Oui, malheureusement, la fuite des « *cerveaux français* » est une triste réalité... Et pas seulement pour des raisons de salaire...

Les remèdes...

Certains remèdes sont simples, d'autres remettent en cause le tissu relationnel de l'entreprise.

Les remèdes simples et classiques

Une feuille de route claire !

Chaque promotion managériale nécessite une définition claire du poste à occuper, quand bien même le postulant participe à l'élaboration de sa propre « *feuille de route* ».

La fiche de poste doit être actualisée, et permettre une vision claire des différents « *territoires* » sur lesquels le nommé va évoluer : *territoires* de compétences, de pouvoir, de décision...

Elle doit faire une distinction simple et claire entre les *actes de gestion* (rôle de chef) et les *actes de management* (rôle de manager), avec une idée des temps induits par les deux fonctions.

Elle doit aussi donner une définition claire des *objectifs à atteindre* avec les *moyens* mis à disposition des équipes dans un temps raisonnable.

Un accompagnement personnalisé !

Chaque promotion managériale nécessite un accompagnement personnalisé : « *laisser faire* » n'a jamais été qu'un synonyme de « *laisser-aller* », et « *le laisser patauger un peu* », un synonyme de « *gâchis* », d'énergie et d'argent.

Cet « *encadrement* » des premiers pas du nouveau manager nécessite lui-même d'être « *encadré* » par un dispositif volontaire et contrôlé. Le nouveau manager doit disposer systématiquement d'un « *tuteur* » compétent, ou d'un « *parrain* », d'un « *coach* » – qu'importe le nom – mais formé et lui-même suivi et évalué.

Le premier travail du « *parrain* » est de débriefer le « *parrainé* », à la fois pour qu'il puisse « *digérer* » ses expériences et aussi pour qu'il puisse obtenir « *du sens* » à son action, de la part de son mentor.

Les moyens en temps doivent être définis, avec une logistique adaptée au couple Tuteur/Tutoré.

Contrôler !

Le « N+2 » ou le DRH doivent exercer leur pouvoir de contrôle, et les deux impétrants doivent démontrer qu'ils se sont bien organisés pour répondre aux besoins... de l'entreprise. Ce « *contrôleur* » est un « *observateur* » qui suit régulièrement les progrès du « couple ».

Par exemple, en leur demandant de présenter un calendrier soutenu de rencontres, prévues et tenues, organisées autour d'un programme adapté à la progression du Tutoré, et avec des objectifs précis d'organisation de la relation (qui peut prendre la forme d'un « *contrat de progrès* » à durée déterminée).
Par exemple, en vérifiant qu'ils se donnent la possibilité de disposer d'un bureau isolé ou d'une salle de réunion adaptée, plutôt que de « *régler leur linge sale en famille* » dans « *l'open space* » commun.

Par exemple, qu'ils ont eu l'idée d'utiliser un système de visioconférence ou de téléphones équipés, plutôt que d'un simple téléphone, quand le Tuteur et le Tutoré ne peuvent physiquement pas se rencontrer.
Par exemple, qu'ils se sont donné des outils commun de traçabilité de leur action.

Bien entendu, le « *Tuteur* » a bénéficié d'une formation managériale pratique : comment gérer son propre temps, qu'attend le *Tutoré* de son *tuteur*, comment créer un programme de montée en compétences, comment suivre et évaluer la progression, comment gérer les difficultés rencontrées…

« *Manager* » *ne s'improvise pas !*
Chaque promotion managériale nécessite donc un accompagnement de formation en management.

Manager c'est quelque chose de très pratique : bannissez les formations théoriques, les « *usines à gaz* » « *à l'américaine* » pour privilégier les ateliers concrets et pratiques axés sur la relation humaine.

Manager, c'est se confronter à des situations complexes parce qu'inédites, c'est donc s'adapter en permanence.

Manager, c'est savoir utiliser à bon escient des « *casquettes* » posturales différentes et des outils adaptés à des objectifs de développement *humains* à atteindre dans le cadre du développement de l'entreprise elle-même.

Les remèdes structurels

Gérez calmement votre temps !

La principale source de prise de décision *imbécile* nait de la *peur* de « manquer de temps ». La pression du temps nous rend *idiots*, collectivement et individuellement !

Rappelez-vous : les seules urgences vraies sont celles où des vies sont en danger.

Dans 99.999 % du temps, il suffit parfois... d'une *bonne nuit* de sommeil pour prendre la *bonne* décision.

Deux réunions (efficaces) valent mieux qu'une seule décision catastrophique prise dans « *l'urgence* »...

Gérer son temps, c'est avant tout classer ses préoccupations sur deux critères, et non un seul : est-ce « *urgent* » et/ou « *important* » ?

Profitez du besoin de changement pour changer !

Changer le *Chef* d'une équipe, d'un service, est-elle la meilleure solution ? À court terme, à moyen ou long terme ? Que peut-on tirer comme conclusion de l'expérience qui arrive à terme ?

Vérifiez qu'une équipe fixe, en place depuis des années, est toujours la solution pertinente à la production : la notion de *projet* et de groupe de travail n'est-elle pas plus pertinente ? Faut-il externaliser, ou organiser, structurer « *autrement* » ?

Mais vous pouvez aussi décider qu'il est urgent de ne rien faire !
« *Changer pour changer* » n'a aucun sens, et la mode – américaine ? – qui consiste à « *faire tourner* » les « *chefs* » tous les deux ou trois ans, peut aussi avoir des effets pervers.

Par exemple, une grande entreprise qui a installé ce système de « *chaise musicale* » comme règle systématique a vu se dégrader en moins de dix ans tous ses indicateurs de bien-être au travail... et ses résultats opérationnels.
C'était pourtant prévisible : sur trois ans de présence, le nouveau manager, ne peut que

jouer au « *petit chef* » : il met un an à devenir efficace, et un minimum compétent, puis se « *repose sur ses lauriers* » l'année suivante, avant de se préoccuper de sa survie et de son reclassement la troisième année.

Ici encore, un système basé sur l'analyse, le progrès et l'ancrage des compétences serait largement plus efficace.

Qui choisir pour cette équipe ?

L'osmose, la fusion nécessaire entre le *manager* et son équipe, est plus compliquée à installer que d'imposer un *chef* à cette même équipe. Il est donc nécessaire d'investir du temps pour faire le choix d'un *bon* manager.

Mais, si vous n'avez « *pas le temps* », ou « *pas de temps à perdre* », il existe encore une solution intermédiaire, politiquement incorrecte, bien entendu : demander à l'équipe de désigner elle-même son chef sur une liste de prétendants.

C'est une solution qui a le premier avantage de répondre à votre propre… manque de disponibilité.

Comme coach, j'entends alors des vocalises de type « *cette solution facile* » a déjà été

« *expérimentée dans l'Histoire* » et, « *pour moi* », cela consisterait à « *m'en laver les mains !*
Cela s'est avéré contre-productif, du moins du point de vue des Romains de l'époque ! », suivi d'un « *Il est vrai* » que de l'équipe « *peut sortir de bonnes idées* », et cela « *peut éviter les conflits, les rancunes, les rancœurs* ».
« *La consulter* », tout au moins, « *semble intéressant* ». Mais « *mon* » équipe n'est pas de type « *coopérative ouvrière* » ! Ils « *ne sauront donc pas faire !* »

Cette démarche, pourtant, peut être extrêmement productive dans certains cas de figures. Par exemple en fonction des lois de la dynamique des groupes. Elle nécessite dans tous les cas un travail préalable d'analyse et de préparer l'équipe à un tel choix.

Votre premier critère de « *gain de temps* » ne pourra donc être assumé, à moins de considérer que vous vous situez dans une perspective « *d'investissement temps* » »... pour en gagner après.

Mais, outre le *précédent* que vous allez initier et qui laissera des traces, *obliger* les équipes à choisir leur propre *chef* comporte de nombreux inconvénients et ne résout généralement en rien les problèmes que vous voulez éviter.

En premier parce que ce que vous considérez comme *l'équipe,* n'est peut-être pas forcément une « *équipe* », mais seulement un « *groupe* » restreint. Dans ce dernier cas, une telle démarche « *démocratique* », au contraire, amplifierait les tensions et l'improductivité latente.

En second parce que la dynamique des groupes restreints montre que les individus changent de comportements en fonction de la taille des groupes, et que certaines « *tailles de groupe* » génèrent spontanément des leaders, et d'autres, des conflits.

En dernier parce que le manager est... censé avoir une « *vision* » plus « *grande* » que chaque salarié pris individuellement sur sa tâche, et que les objectifs, qu'il cherche à atteindre, ne sont pas seulement des *objectifs de production*, mais des *objectifs de management*.
Par conséquent, le leader naturel d'un groupe sera – peut-être – un bon *chef*, mais pas obligatoirement un bon *manager*.

Une check-list pour gérer le changement :
Donc, il convient de se poser quelques questions préalables...

Quel « *patron* » rechercher pour cette équipe ?
- Quel profil, quelles expériences ? Un *chef* ou un *manager* ?
- Quelles missions, quels objectifs, quelles tâches ?
- Pour combien de temps ?
- Le former en interne ou embaucher en externe ?

Dans le choix final, la compétence sera essentielle. À Savoir et Savoir-Faire égaux, ce seront les Savoir-Être et l'Expérience qui feront la différence.
Et là, l'ancien n'est pas forcément le meilleur choix. Mais pas forcément le pire choix non plus.

- Quels comportements (Savoir-Être) ai-je besoin de privilégier pour cette équipe ?
    - Et si ce n'est pas une équipe, comment rendre ce groupe cohérent ?
- De quelles expériences « *digérées* » le nouveau chef aura-t-il besoin pour gérer

le changement provoqué par son arrivée et son installation ?
- ○ Management (et non « *gestion* ») de conflits ?
- ○ Management (et non « *gestion* ») du temps ?
- ○ Management (et non « *gestion* ») de projet ?

À poser toutes ces questions, il devient évident que l'équipe, si elle peut à elle toute seule se choisir un *chef* – souvent adoubé du fait de sa reconnaissance technique – ne peut à elle seule se choisir son *manager*, quand bien même peut-elle participer à ce choix.

Dans tous les cas, rappelez-vous, pour permettre le passage de la posture-chef à celle de *manager*, une formation adaptée sera indispensable.

Ici encore, privilégier l'équilibre en faveur de l'humain, *manager*, permet de conduire le changement avec plus d'efficacité que d'imposer une solution ou de « *laisser faire* » le temps et « *les gens* ».

Anticiper et miser sur l'humain !

Monsieur Jigogo Kano, 77 ans, 12em dan de judo et coach d'un boxeur qui visait le

Championnat du monde dans sa catégorie, disait à un journaliste, alors que son « *poulain* » était à terre : « *On ne juge pas un homme sur le nombre de fois qu'il tombe, mais sur le nombre de fois qu'il se relève* ».

Mais voilà : comment mesurer sur un tableau de données à entrées multiples « *la potentialité de quelqu'un* » à « *se relever* » après un KO, un échec ?
Nos sociétés supportent mal la notion d'*échec*. Fonctionnant sur un mode binaire – zéro ou un, oui ou non – elles ne savent surtout pas le gérer pour en tirer des leçons collectives.
La valse des entraineurs sportifs à la moindre série de matchs perdus est un symbole fort de cet état d'esprit. « *On* » n'analyse pas le pourquoi de la défaite, mais « *on* » désigne un *bouc émissaire*, « *on* » le jette, et « *on* » le remplace.

Sans justificatif plus évolué, plus construit, ce sont les « *on* » – les dirigeants, les actionnaires – qu'il serait légitime de remplacer, et vite !
Mais voilà, quand l'*argent* est aujourd'hui le moteur d'un projet, la logique des *compétences* – et la possibilité de *progression* des compétences – n'a plus la parole.

Pour la *petite histoire*, peu de journalistes, garants de l'expression – et du formatage – de l'*Opinion publique*, comprirent ce que le coach, Monsieur Jigogo Kano, voulut dire, ce jour-là, et ils crièrent au *miracle* lorsqu'un autre combat donna au boxeur une aura mondiale.

Les remèdes individuels

Le vieux sage japonais, lui, ne *gérait* pas son élève, mais le *manageait*, le *coachait*. Il s'occupait de *l'individu* sous le technicien, sous l'expert, sous le boxeur. Une défaite, même sur *KO*, n'exprimait en rien la capacité de celui-ci à *apprendre*, à *analyser*, à « *digérer* » le « *pourquoi* » de la défaite, à *anticiper* les conditions de la victoire, à s'entrainer plus et mieux, et à « *rebondir* » pour gagner !

Le vieil homme ne confondait pas *gestion* et *management* : le *compte*, mécanique, « *des victoires et des défaites multiplié du sous-ensemble des coups donnés et des coups reçus, pondérés par sa capacité physiologique à récupérer* », tout ce fatras, c'est de la *gestion*.

Cela peut se traduire par une courbe de Gauss ou un « *camembert* » statistique, ce qui

peut intéresser un parieur naïf mais ne sera pas une garantie de gain.
La capacité de rebond de l'égo de son apprenti après une défaite, elle, ne se mesure pas dans un tableau à triple entrée et, pourtant, c'est elle qui va permettre la victoire.

Nous sommes là dans le positionnement propre au *manager*, de sa vision de la *mission* qui lui est confiée, et des moyens humains qu'il met en œuvre pour la réussir.
Paradoxe, nous sommes aussi là dans le « *mythe américain* », dans l'image d'Épinal de l'entrepreneur tenace et capable de soulever des montagnes et de partir à la *Conquête de l'Ouest*.

Un actionnaire – comme un parieur – devrait mesurer les *compétences* des manageurs – ou des coachs sportifs – avant d'investir – ou de parier – sur l'entreprise – ou le sportif – qu'il vise.
Mais voilà, encore faut-il investir un peu de *temps* dans cette affaire…

Ordonnance N°3 : Les émotions au service du Management

Le débat fait rage depuis une quinzaine d'années, autour des émotions, dans toutes les écoles psychologiques.

Si j'en parle dans un livre sur le management, c'est pour deux raisons :
- En premier, nous communiquons majoritairement à travers nos émotions : les mots représentent 7 % de la communication, le ton de la voix 35 %, et le reste, 58 %, sont des éléments de communication émotionnelle.
    - Un « *leader* » utilise d'abord les émotions pour communiquer. Ce sont elles qui « *attirent* » ses interlocuteurs et captent leur attention avant même qu'il ait ouvert la bouche.
    - Nous sommes capables de développer notre communication émotionnelle qui passe par l'émotion en elle-même, la prise de conscience et l'expression de celle-ci.

- L'une des découvertes essentielles des années 1990-1995 a été celle du neurologue américain Antonio Damasio sur l'importance des émotions dans la prise de décision[6].
  - Les personnes atteintes d'un dysfonctionnement de leur « *cerveau* » émotionnel sont toujours capables de prises de décisions, mais celles-ci ne sont pas forcément rationnelles, y compris en perspective de leur propre survie.

Les émotions fondamentales

Des chercheurs français, comme Lelors et André[7], ont défini, plus tard, une série d'« *émotions fondamentales* » qui nous aident à fixer notre attention sur les mécanismes de la communication émotionnelle.

- Pour eux, une « *émotion fondamentale* » est un socle commun à l'ensemble de l'espèce humaine : quelles que soient la langue et la culture, nous sommes capables de déchiffrer la *peur*, par exemple, sur la tête de l'autre.

---

[6] Lire « *L'erreur de Descartes* » — Éditions Odile Jacob
[7] Lire « *La force des émotions* » — Éditions Odile Jacob

- C'est le même bouquet hormonal qui circule dans le sang des personnes qui ressentent cette *peur*.
- Si ce n'est pas pour la même chose (d'un bout à l'autre de la Terre, nous n'avons pas forcément peur des mêmes éléments), l'émotion est déclenchée par une cause unique. Dans le cas de la peur, une « *menace* ».
- Le *masque* de chaque émotion qui s'inscrit sur notre visage, notre attitude corporelle, est le même pour l'ensemble de l'espèce humaine. Nous savons donc le décoder quelle que soit la langue et la culture.
  - Ainsi, nous avançons dans une rue étrangère, et nous croisons une première personne qui semble avoir peur, puis une seconde, puis plusieurs autres et, sans en avoir vraiment conscience, nous nous trouvons mille et une excuses pour faire demi-tour et aller dans leur sens : nous ne savons pas quelle *menace* elles fuient, mais le plus sage semble de la fuir aussi, avant de la rencontrer.

Si nous essayons de résumer ces différents éléments, nous trouvons un tableau d'émotions « positives » ou « négatives » du type suivant :

CAUSE	ÉMOTION « - »	ÉMOTION « + »	CAUSE
Menace	**Peur**	/	Pas de menace
Valeur trahie (défense vitale)	**Colère**	**Zen**	Toutes mes valeurs sont accomplies
Perte	**Tristesse**	**Joie**	Plénitude
Essentiellement, sens du goût et de la vue	**Dégoût**	**Plaisir**	Stimulation générale des sens
Valeur collective trahie – le groupe nous fait honte	**Honte**	**Fierté**	Accomplissement collectif valorisé par le groupe
Je veux le/la détruire !	**Haine**	**Amour**	Je veux le/la posséder !

Plusieurs éléments pour mieux lire ce tableau :

- Ne négligez pas vos émotions « - » : elles sont nécessaires à notre survie. Émotions « + » ou « - », elles sont des signaux d'alarme : ce n'est pas en niant que la sirène hurle que vous allez

échapper à l'incendie. Nos émotions sont des déclencheurs d'action : agissez !
- Il y a menace ou pas : sans menace, il ne se passe rien. La *Peur* est la seule émotion qui n'a pas son « *alter ego* » positif.
- La *Colère* est la seule émotion disposant de deux déclencheurs : une menace physique trop rapprochée et une valeur trahie par l'autre.
- Le « *Zen* » utilisé ici n'est pas contemplatif, bien au contraire. C'est le « *Zen* » de l'équilibre intérieur, avec les autres, avec notre environnement. Être en équilibre n'empêche pas d'être actif, et acteur... simplement pour pouvoir conserver cet équilibre.
- *Plaisir* et *Amour* sont deux émotions bien distinctes : on peut avoir du *Plaisir* sans *Amour*, de l'*Amour* sans *Plaisir*, ou les deux à la fois.
- Pour toutes ces émotions, la cause peut être réelle, ou virtuelle. Par exemple, je peux être Triste « *parce que j'ai perdu confiance en moi* » ou parce que j'ai perdu un être cher. L'effet sera le même.

Emotion et Stress

Toutes ces émotions sont des constituants de ce qu'on appelle le Stress. Elles provoquent un état de tension interne qui, pour la plupart, nous pousse à l'action.

- Peur / Dégoût / ➔ Fuite ;
- Colère / Haine ➔ Attaque ;
- Honte / Fierté ➔ Changement de comportement social ;
- Zen / Joie / Plaisir / Amour ➔ Aller vers l'autre, accueillir l'autre ;

Seule la Tristesse provoque une perte de tonicité.
Mais c'est pour mieux montrer aux autres... que nous avons besoin d'eux.

Dans tous les cas, il est préférable d'exprimer ses émotions que d'accumuler du « *stress* » en soi : les autres, puis vous-même vous en seront reconnaissant.

Un « *chef en colère* » n'est pas un problème en soi s'il sait expliquer quelle est la valeur trahie par son équipe qui l'a mis en colère. Celle-ci changera alors ses comportements pour mieux le satisfaire.

Et faites aussi confiance à votre équipe pour faire la différence entre l'expression d'une émotion, puis son explication, et le « *Syndrome de la Patte Molle* » !

Ordonnance N°4 : Manager son temps

Les techniques de gestion du temps sont multiples, alors que toutes les entreprises, tous les *managers*, tous les *chefs*, se cassent les dents sur le sujet.

Il y a donc quelque part quelque chose qui ne va pas...

La gestion du temps ? Quelles sont vos priorités ?

Simplifions tout d'abord la solution au problème : le *manager* va tirer son épingle du jeu plus facilement que *l'organisation* ou le *chef,* puisqu'il va jouer avec les *priorités* et en adapter les effets à son équipe. C'est la clé essentielle de la gestion du temps.

L'une des grilles d'analyse des priorités les plus efficaces est celle dite d'Eisenhower : quatre entrées, et un classement des priorités de 1 à 4.

(voir schéma suivant)

	Importance +	Importance -
Urgence +	++ (1)	+- (3)
Urgence -	-+ (2)	-- (4)

L'*importance* étant plus importante que l'*urgence*, vous disposez devant vous de quatre bannettes et vous répartissez vos documents à traiter en fonction de cette grille.

Le *chef* va tenter de tout traiter dans cet ordre, du 1 au 4, ou inversement. Mais généralement, les *managers* – quand ils le peuvent encore – délèguent le niveau « 3 » à leur assistante et le niveau « 4 » à leur Tutoré ou à l'un de leur subordonné.
Non seulement ils gagnent du temps, valorisent leurs collaborateurs, mais ils peuvent s'occuper plus à fond de dossiers importants.

Si la solution est simple (à ne pas confondre avec « *simpliste* »), qu'est-ce qui fait que la gestion du temps est un problème ?

Ici encore nous nous heurtons à des idéologies patronales obsolètes et des structures d'entreprises qui sont totalement dépassées par l'évolution du monde, des techniques et des besoins.

Histoire vécue N° 5 : la pointeuse dans les toilettes

> *Histoire :*
> *Prenez une grande banque et son centre d'appel spécialisé.*
> *Celui-ci avait été « relocalisé » après une installation de quelques années en Afrique : les clients se plaignaient du manque de qualité, du manque de professionnalisme des réponses obtenues.*
>
> *Pour répondre à cette demande, les nouveaux téléconseillers étaient tous des « Bac+3 », pour le moins.*
> *Ils bénéficiaient d'une marge de manœuvre importante, d'une formation technique permanente, et l'équipe – plus restreinte qu'en Afrique – obtenait d'excellents résultats lors des sondages clientèle.*
> *Mais le « turn-over » reste trop important et, en permanence, il est nécessaire de repartir à zéro avec des jeunes non formés alors que les « anciens » trouvent facilement du travail « ailleurs ».*
> *Perte de temps, d'énergie, et de qualité.*

Je travaille avec eux et ils me confirment cette bonne impression de conditions de travail autonome, tout en considérant que l'équipe des « superviseurs » les « materne » trop, les « infantilise ».

Ces « superviseurs » apparaissent comme confiants dans leurs équipes, fiers de leurs résultats et, eux aussi, expérimentés et formés au « coaching d'écoute » qui se pratique dans la profession.

À un moment donné – pardonnez-moi la suite de cette histoire, mais elle me semble assez exemplaire –, je vais aux toilettes pour faire une pause.

Je suis dans les toilettes depuis quelques minutes quand une sirène, type incendie, assez violente, se déclenche.
Et là, j'entends plusieurs personnes entrer dans les toilettes, et, comble de la confusion, je comprends qu'ils attendent que je sorte.

Je tombe des nues : j'apprends qu'une badgeuse est installée dans les toilettes, et que « si l'on pense avoir besoin de plus de deux minutes trente secondes » d'utilisation des dites toilettes, il était obligatoire de

« dépointer »… En cas d'infraction, la sirène se déclenchait et les superviseurs étaient censés venir pour rappeler les règles et sanctionner le « contrevenant » !

Nous avons eu une grande discussion, avec mise au point sur les contradictions évidentes – pour moi – entre leurs besoins de personnels autonomes, compétents, formés, à l'initiative, et des pratiques dignes du XIXe siècle !

Nous avons parlé de la différence entre chef et manager, et des besoins en management des personnels du XXIe siècle.

Je sais que la « badgeuse des toilettes » a été supprimée peu après, mais je sais aussi que, conditionnés par leurs habitudes et leurs formations, par les traditions des « centres d'appels », ils ne sont pas tous passés au niveau « manager ».
Et je sais aussi que le turn-over continue à leur montrer que les besoins de leurs téléconseillers sont ailleurs.

Si la France était cohérente avec le temps, le télétravail aurait une place beaucoup plus importante dans la gestion des entreprises.

La France incohérente !

De fait, dans certaines entreprises, il est de « *bon ton* » de ne pas partir avant 19 h, sous peine de se voir montrer du doigt et dévaloriser.
De fait, demandez un temps partiel et vous serez sûr que votre carrière n'avancera plus.
De fait, prenez vos RTT, vos congés parentaux, votre droit à la formation, et même vos vacances et, au retour, on vous fera comprendre…. qu'il ne fallait pas partir !

Des pratiques qui ne sont pas loin de celles dénoncées dans le harcèlement moral, mais qui sont quotidiennes…

À cela s'ajoute un combat idéologique centré sur les 35 h, accusées de tous les vices et de leur contraire.

Cela me rappelle une histoire, vécue, bien entendu :

Histoire vécue N° 6 : les Japonais et les 35 heures.

Histoire :

Le responsable logistique et sécurité de ce grand groupe international m'a raconté les anecdotes qui ont émaillé la venue d'une délégation japonaise lors de la mise au point d'un projet commun.

En tout premier lieu, les Japonais ont manifesté leur incompréhension sur nos systèmes horaires : comment peut-on espérer être efficace en travaillant « si peu » ?
Et mon responsable logistique de se culpabiliser, avec toutes les équipes concernées.
Mais ils décident collectivement de « ne pas perdre la face » et de maintenir leurs horaires.

De fait, dans l'équipement de vie mis à leur disposition, les Japonais continuent à « travailler » autour du chef, longtemps après que les Français soient repartis chez eux.
Dans ces réunions pré et post dîner, l'alcool, fort, coule à flot.
De fait, le matin, très tôt, avant l'heure du petit déjeuner, ils sont collectivement prêts à une séance de gymnastique collective.

Les séquences de travail se suivent, les jours s'écoulent, et, très vite, nos Français découvrent peu à peu une autre réalité du « management à la

> *japonaise » : en pleine réunion, un Japonais s'écroule, la tête sur la table... et se met à ronfler, assez bruyamment.*
> *Les jours suivants, la scène se répète avec d'autres personnes.*
>
> *Et mon responsable de la logistique, hilare, de me préciser qu'il a dû installer des lits pliants dans les salles de réunion, pour éviter que leurs hôtes ne se fassent mal en « tombant » sur la table.*
> *« En définitive, nous n'avions plus aucun complexe : nous ne travaillons « que » 35 h, mais pendant 35 h, nous, nous sommes opérationnels !*

Combien de fois doit-on le répéter : le problème n'est pas le temps que nous passons au travail, mais ce que nous faisons de ce temps de travail !

Le « fini-parti » des éboueurs marseillais était une bonne idée, mais qui s'est terminée au tribunal en avril 2014.

Vous ne connaissez pas l'histoire ? Renseignez-vous, elle est édifiante... Entre logique managériale productive et dogme, c'est le dogme qui a gagné...

La loi du 80/20 !

Mais voilà, nous sommes dans une bataille idéologique d'un autre temps qui n'a rien à voir avec la réalité : un salarié, payé à l'heure, se doit d'être présent quand bien même il n'aurait rien à faire, à disposition du *chef*.

Et pour imposer les règles, « *on* » joue avec les limites : « *on* » supprime les jeux sur les PC[8], « *on* » équipe les gens de GPS rétroactifs, de capteurs de position, et même de mouvement, « *on* » est à la limite de l'intrusion dans les mails, les écoutes téléphoniques, les caméras de surveillance.

La pression intense exercée sur la gestion du temps des salariés est absurde : nul n'est efficace à 100 % de son efficacité 100 % du temps. Au contraire, c'est le triomphe de la loi du 80/20 : nous sommes efficaces à 80 % de notre efficacité 20 % du temps !

Ces dernières années, des études ont constatées un peu partout dans le monde que les salariés ayant accès à internet utilisaient ce droit de plus en plus à titre personnel : jusqu'à 45 % du temps.

---

[8] Plusieurs études du CNRS ont montré une perte de productivité immédiate et durable – voir sur leur site.

La réponse consistant à couper les accès internet a montré ses limites : les pertes de productivité ici encore, sont immédiates et spectaculaires[9] !

Tous simplement parce qu'on n'oublie pas « *tout* » en entrant dans l'entreprise, qu'il y a un monde et une vie en dehors de l'entreprise, parce que la perte de sens à l'intérieur de l'entreprise a pris des proportions jamais atteintes.

Du coup, certaines organisations l'ayant compris, les « *conciergeries* » se multiplient aux pieds des tours, permettant de déposer ses listes de courses, son linge à laver et repasser, et même ses enfants.

Mais pour toutes les autres, comme pour les organisations patronales les plus *militantes*, nous sommes restés au XIXe siècle…
Quelle tristesse, que de dégâts !

Le « *Syndrome de la Patte Molle* » a encore de beaux jours devant lui…

---

[9] Voir les études du CNRS

POUR QUE VOUS PUISSIEZ CONCLURE...

Dans la logique de ce livre, ce n'est pas moi qui vais conclure, mais vous : êtes-vous « *contaminé* », et/ou convaincu de vous « *vacciner* » ?

Alors pour cela, je vais reprendre le test du diagnostic N°1 et lui inoculer un peu de « *vaccin* ». Reportez vos résultats, et notez vos engagements nouveaux (comme le bon vin).

Bien entendu, ces éléments sont de l'ordre d'objectifs, et encore plus d'objectifs « *SMARTE* » : Simples (l'énoncé est compréhensible du premier coup...) ; Mesurables (quels sont les éléments de mesure ?) ; Adaptés (à la situation, au contexte, à vos moyens...) ; Réalistes (ne vous envoyez pas « dans le mur »...) ; Temporisés (quelle échéance ?) ; Ethiques (ne faites pas faire par d'autres ce que vous pouvez faire vous-mêmes... et inversement, ce que vous ne feriez pas vous-même)

Rôle « *Casquette* »	Tps (en heures)	%	Mon objectif	Priorité de 1 à 6	Délai	Moyens	J'ai gagné ? Oui !	Nouveaux %
Moi								
Leader								
Chef								
Manager								
Coach								
Éclaireur								
Total		100 %	100 %					100%

Allez-y !

Reprenez votre vie en main : vous êtes humain, et vous allez y arriver !

Et si votre entreprise ne vous en remercie pas, changez-en !

L'AUTEUR

Alain Avanthey est consultant formateur senior, coach, spécialiste en ingénierie de formation, management, communication, et développement personnel.

Romancier, photographe, il a publié plusieurs ouvrages professionnels de référence sur l'intégration des nouvelles technologies dans les entreprises et la transmission des compétences par le tutorat.

Autodidacte, il « *fabrique* » des formations originales depuis plus de trente ans pour des publics très différents.
Il a commencé sa carrière avec des jeunes en difficulté dans des cités comme Trappes ou les Mureaux, en région parisienne, et travaille aujourd'hui pour de grandes entreprises, dans des secteurs aussi différents que l'industrie nucléaire ou automobile, la chimie et le pétrole, mais aussi les services (assurances, banques, …) et les collectivités territoriales.

Bibliographie professionnelle :
1990 - « *Créer son serveur télématique* » - Editions Clet-Dunod
1992 – « *Les clés d'une communication réussie* » - Editions Dunod
2007 – « *Tuteurs en entreprises* » - Editions Le Manuscrit
2014 – « *La dynamique du Tutorat* - Les passeurs de compétences » - Editions « Le Manuscrit »
2014 – Le Syndrome de la Patte Molle

www.ingramcontent.com/pod-product-compliance
Lightning Source LLC
Chambersburg PA
CBHW051534170526
45165CB00002B/726